Lena Weinhut

Digital Leadership

Anforderungen an die moderne Führungskraft

Bibliografische Information der Deutschen Nationalbibliothek:

Die Deutsche Nationalbibliothek verzeichnet diese Publikation in der Deutschen Nationalbibliografie; detaillierte bibliografische Daten sind im Internet über http://dnb.d-nb.de abrufbar.

Impressum:

Copyright © ScienceFactory 2018

Ein Imprint der Open Publishing GmbH, München

Druck und Bindung: Books on Demand GmbH, Norderstedt, Germany

Covergestaltung: Open Publishing

Inhaltsverzeichnis

Abkürzungsverzeichnis IV

Abbildungsverzeichnis V

1 Einleitung 1

2 Leadership 4

    2.1 Definition und Bedeutung 4

    2.2 Führungsaufgaben 6

    2.3 Begriffsabgrenzung: Management versus Leadership 10

    2.4 Traditionelle Führungsansätze 13

    2.5 New Leadership Approach 17

3 Aktuelle Herausforderungen für Führung und Führungskräfte 22

    3.1 Megatrend Digitalisierung 24

    3.2 Auswirkungen der Digitalisierung auf Arbeitswelt und Führung 27

4 Digital Leadership 34

    4.1 Definition und Bedeutung 34

    4.2 Neue Anforderungen an Führung und Führungskräfte 36

    4.3 Ausgewählte Digital-Leadership-Ansätze 58

    4.4 Relevanz der Digital Leadership 70

    4.5 Kompetenzen einer digitalen Führungsfigur 74

    4.6 Kritische Betrachtung des Digital-Leadership-Ansatzes im Rahmen der Digitalisierung 80

5 Schlussbetrachtung und Ausblick 88

Literaturverzeichnis 90

Abkürzungsverzeichnis

CDO	Chief Digital Officer
FK	Führungskraft/Führungskräfte
MA	Mitarbeiter
VUCA	Volatility, Uncertainty, Complexity, Ambiguity

Abbildungsverzeichnis

Abbildung 1: Führungsaufgaben im Führungskreislauf 7

Abbildung 2: Inhalte und Grenzen der transaktionalen und transformationalen Führung 21

Abbildung 3: Gegenüberstellung der Organisationsqualitäten im Kontext der Digitalisierung 24

Abbildung 4: Zentrale Veränderungen von Führung durch Digitalisierung 38

Abbildung 5: Die fünf größten Stolpersteine für Führungskräfte 46

Abbildung 6: Die Beidhändigkeit der Führung der Robert Bosch GmbH 51

Abbildung 7: Vier Kategorien digitaler Reife 55

Abbildung 8: Die vier Phasen der digitalen Transformation 56

Abbildung 9: Phasen und Aufgaben des Managements virtueller Teams 61

Abbildung 10: Strategische Umsetzung von Social-Media-Aktivitäten im Überblick 65

Abbildung 11: Ergebnisse der Studie des Instituts für Führungskultur im digitalen Zeitalter März 2015 67

Abbildung 12: Die aktuelle (2016) Bedeutung von Digital Leadership in den Unternehmensbereichen 72

Abbildung 13: Betrachtung der Bedeutung von Digital Leadership in den verschiedenen Branchen 72

Abbildung 14: Die aktuelle Situation zu Digital Leadership in den Unternehmen 73

Abbildung 15: Die eigene und fremde Einschätzung der Fähigkeiten der Führungskräfte zu Digital Leadership 73

Abbildung 16: Kernkompetenzen für einen Digital Leader 78

Abbildung 17: Kernkompetenzen für die digitale Transformation 78

1 Einleitung

Bisher war man es gewohnt, seine Einkaufsliste auf einen Zettel per Hand zu schreiben. Heutzutage funktioniert dies bei einem Großteil der Gesellschaft über eine App für Einkaufszettel. Es könnte sogar irgendwann so weit kommen, dass man sich mit Familienmitgliedern vernetzt, um die nötigen Einkaufe möglichst zeitsparend zu organisieren. Zusätzlich könnte die App mit dem Kühlschrank zuhause vernetzt sein und eine direkte Benachrichtigung senden, wenn Lebensmittel aufgebraucht sind bzw. welche Lebensmittel noch vorhanden sind. Darüber hinaus könnte die App anzeigen, in welchem Geschäft die benötigten Lebensmittel vorhanden sind. Außerdem könnte der Kühlschrank über die App Vorschläge bringen, welches Gericht man aus den vorhandenen Lebensmitteln zubereiten könnte. Dieses Beispiel veranschaulicht die digitale Revolution, die wir gerade erleben und die Einfluss auf alle Lebensbereiche nimmt (vgl. Moskaliuk 2017a). Sie verändert unsere Gesellschaft in grundlegender Weise. Einen (Arbeits-) Alltag ohne Computer, Internet, Smartphones und Tablets kann man sich nicht mehr vorstellen (vgl.Becker und Knop 2015a, S.155). Unsere Arbeit gestaltet sich zunehmend virtueller, schneller und flexibler. Stichworte wie Robotik, 3D-Druck und künstliche Intelligenz lassen erahnen, wie die Arbeitswelt von morgen aufgebaut sein wird (vgl. Crummenerl und Kemmer 2015). Zur digitalen Umwälzung von Wirtschaft und Gesellschaft zählen unter anderem auch Ausgangspunkte wie digitale Arbeitsplattformen, bearbeitbare große Datenmengen und selbstreferenzielle Steuerungssysteme. Unternehmen werden mit einem paradigmatischen Wandel konfrontiert. Geschäftsmodelle, Selbstverständnis und Wertschöpfungsketten müssen grundlegend überdacht werden. Der Arbeitsalltag ist bestimmt von neuartigen digitalen, vernetzten und automatisierten Prozessen und Leistungen – in allen Arbeitsbereichen, egal ob Entwicklung, Produktion, Vertrieb oder Marketing und Logistik (vgl. Deutsche Gesellschaft für Personalführung e. V 2015, S. 4).

Ein entscheidender Aspekt, der in allen Bereichen der Arbeitswelt eine große Rolle spielt, ist die Unternehmensführung sowie die Führung von Mitarbeitern (MA). In der Unternehmenswelt wird dies oft mit dem Begriff „Leadership" bezeichnet. Durch die Digitalisierung wandelt sich zunehmend das Verständnis von Führung. Im Kontext der Digitalisierung versteht man Führung nicht (mehr) als Angelegenheit für (IT)-Manager, sondern als Kernthema für Führungskräfte (FK) im Topmanagement (vgl. Weinman 2015, S.13). In diesem Zusammenhang entwickelte sich der Begriff der Digital Leadership, worauf der Fokus in meiner Bachelorarbeit liegt.

FK gelten nach wie vor als Dreh- und Angelpunkt bei Veränderungsprozessen im Unternehmen und somit auch bei der digitalen Transformation des Unternehmens. Dabei gelten sie nicht nur als Initiator des Wandels, sondern sind auch größtenteils dafür verantwortlich, dass die Zusammenarbeit in der digitalen Welt funktioniert. Um als Unternehmen langfristig wettbewerbsfähig zu sein und sich auf dem Markt behaupten zu können, sollte man den Anschluss an den Trend der Digitalisierung nicht verpassen. (vgl. Crummenerl und Kemmer 2015, S. 3). Auch Gary Hamel bringt diese Notwendigkeit der Anpassung an die Zukunft und somit an die Digitalisierung zum Ausdruck:

> „Die Zukunft macht leicht Narren aus den Unbelehrbaren, die sich zu lange an alte Gewissheiten klammern." (Gary Hamel in Petry 2016, S. 11)

Zielsetzung der Arbeit ist es, neben der Erklärung des Begriffes „Leadership" und der Begriffsabgrenzung von „Leadership" und „Management", den Begriff der „Digital Leadership" abzugrenzen. Es sollen die veränderten Herausforderungen und Anforderungen an Führung und FK im digitalen Zeitalter herausgearbeitet werden, um davon schließlich die Kompetenzen für eine erfolgreiche digitale Führungsfigur abzuleiten.

Im ersten Teil der Bachelorarbeit wird nach einer thematischen Einführung im Hinblick auf die Problemstellung, die sich aus der Digitalisierung ergibt, und die Relevanz im Kontext von Führung zunächst auf das Thema Führung eingegangen. Neben einer Erklärung des Führungsbegriffs werden Führungsaufgaben und grundlegende Führungsansätze, die sich im Laufe der Zeit gewandelt haben, durchleuchtet.

Der zweite Teil befasst sich mit neuen Herausforderungen für Führung in der heutigen Zeit. Thematisiert wird der Megatrend Digitalisierung zunächst mit einer Begriffsbestimmung. Danach werden die Ausprägungen und Treiber der Digitalisierung erläutert. Anschließend werden die Auswirkungen der Digitalisierung auf die Arbeitswelt und Führung beschrieben, wodurch zu dem Begriff der „Digital Leadership", dem Kernthema der Arbeit, übergeleitet wird. In diesem Zusammenhang wird zunächst erläutert, was hinter dem Begriff steckt. Dann folgt ein Überblick über die Veränderungen in der Führungsumwelt bzw. über neue Anforderungen an Führung und FK. Auch im Rahmen der Digital Leadership wird auf ausgewählte Führungsansätze eingegangen. Daraufhin werden die erfolgsrelevanten Kompetenzen einer digitalen Führungsfigur analysiert. Zuletzt erfolgt eine kritische Würdigung des Digital-Leadership-Ansatzes. Die Arbeit schließt mit einer Zusammenfassung und einem Ausblick ab.

2 Leadership

2.1 Definition und Bedeutung

Leadership lässt sich, nach Hinterhuber und Krauthammer (2015), in drei Säulen unterteilen:

1. Visionär sein: „Den Siegeswillen anspornen"
2. Vorbild sein – vorleben: „Engagement und Mut zeigen. Energien freisetzen sowie Innovationen und Talente fördern."
3. Den Unternehmenswert nachhaltig steigern: „ Wohlstand für alle Partner schaffen" (Hinterhuber und Krauthammer 2015, S. 11).

Es existieren unzählige Definitionen des Begriffs „Leadership", der ins Deutsche übersetzt Führerschaft bzw. Führung bedeutet. Mitunter ist dies darin begründet, dass sich verschiedenste Bereiche, wie z.b. Philosophie, Wirtschaftswissenschaften und Psychologie mit Führung auseinandersetzen (vgl. Au 2016, S. 4). In Anlehnung an Hentze (2005) kann man Führung im allgemeinen Sinn, als *„zeitlich übergreifendes, in allen Kulturen existierendes und interdisziplinäres Konstrukt"* (Hentze 2005, S. 25) bezeichnen. In diesem Zusammenhang wird Führung auch oft auch als *„zielbezogene Einflussnahme"* (Rosenstiel et al. 2014, S. 3) definiert. Es wird angestrebt, dass die Geführten dazu gebracht werden, Ziele, welche sich oftmals auf die der Organisation zurückführen lassen, zu erlangen (vgl. Rosenstiel et al. 2014).

Ähnlich beschreibt auch Wunderer Führung als *„zielorientierte, wechselseitige Beeinflussung zur Erfüllung gemeinsamer Aufgaben, in und mit einer strukturierten Arbeitssituation."* Dies beinhaltet v.a.: *„Wege weisen, die Entscheidungs- und die Beziehungsebene gestalten, günstige Arbeitssituationen fördern und konstruktiv interpretieren."* Dazu gehört ebenso: *„Beeinflussen und sich beeinflussen lassen, kommunizieren, wechselseitig überzeugen, inspirieren, auch entscheiden, anweisen und Konflikte handhaben."* (Wunderer 1996, S. 386)

Leadership meint zudem die *„natürliche und spontane Fähigkeit, Mitarbeiter anzuregen, zu inspirieren und sie in die Lage zu versetzen, neue Möglichkeiten zu erschließen und umzusetzen, sowie sich freiwillig und begeistert für die Verwirklichung gemeinsamer Ziele einzusetzen."* (Hinterhuber und Krauthammer 2015, S. 13)

Um dies zu erlangen, sind Respekt vor dem Menschen sowie große Energie des Unternehmens bzw. der obersten FK unabdingbar. Leadership-Verhalten vereint Interesse für die MA und für sich selbst. FK leben Visionen und Strategien vor. Die Autorität und Glaubwürdigkeit der FK hängt davon ab, inwieweit die MA die Visionen, Strategien und Einstellungen ihrer Vorgesetzten annehmen. Eine der wichtigsten Grundlagen von Führung bilden Ideale und Werte, sowie der Einsatz der FK, der über den persönlichen Bereich hinausgeht (vgl. Hinterhuber und Krauthammer 2015, 13 f.).

Nach Hinterhuber und Krauthammer besteht der Kern von Leadership darin

1. „eine gemeinsame Sicht der Gegenwart und Zukunft mit den Führungskräften und Mitarbeitern aufzubauen, die den Kundennutzen in den Mittelpunkt stellt und
2. allen Spielraum für eigenverantwortliches Denken und Handeln auf Basis einer Vision zu geben, an deren Erfüllung jeder mitzuarbeiten bereit ist." (Hinterhuber und Krauthammer 2015, S. 14)

Die Zusammenarbeit von FK und MA hat zum einen das Ziel, Ergebnisse zu erarbeiten, zum anderen aber auch, individuelle Bedeutung zu schaffen und Sinn zu vermitteln. Das Erreichen der Ziele ist damit verbunden, dass die Beteiligten verstehen, warum sie bestimmte Dinge tun, wie sie als einzelne Person dazu beitragen können und welcher Mehrwert damit verbunden ist. Es ist demnach Aufgabe der FK, Rahmenbedingungen zu schaffen, die den MA die Bedeutung ihres Handelns aufzeigen. Das klassische Verständnis von Führung enthielt bisher nur den Ansatz der Zielerreichung. Erst in den neueren Ansätzen der transformationalen Führung wurde der Aspekt der Sinnstiftung aufgegriffen (vgl. Landes und Steiner 2013, S. 249).

Wenngleich sich die Definitionen in manchen Punkten voneinander unterscheiden, lassen sich Aspekte herausarbeiten, die allen Definitionen gemein sind: Bei Führung geht es darum, die MA gezielt zu beeinflussen, ihnen sinnstiftend mit einer vorgelebten Vision den richtigen Weg aufzuzeigen und ihnen dabei auch einen großen Teil an Eigenverantwortung zu überlassen, um schlussendlich gemeinsam die Ziele der Organisation zu erreichen.

Abschließend lässt sich festhalten, dass Führung ein komplexer, dynamischer und wechselseitiger Prozess ist, dessen genaue Erfassung und Erklärung nur begrenzt möglich ist (vgl. Wunderer 1996, S. 386).

2.2 Führungsaufgaben

„Wer führen will, muss erstens eine Richtung vorgeben, die Sinn macht und Vernunft und Herz der Mitarbeiterinnen und Mitarbeiter anspricht. Er hat zweitens eine Vorbildfunktion und muss die Werte der Einrichtung leben und vorleben. Die dritte Führungsverantwortung besteht darin, Werte zu schaffen [...] Wer auch nur einer dieser drei Verantwortungen nicht nachkommt, erfüllt seine Führungsaufgabe nicht." (Hinterhuber 2014, S. 7)

Die Beschreibung der verschiedenen Führungsaufgaben erfolgt in Anlehnung an Hintz (Hintz 2016)[1]. Zwei der wichtigsten Aufgaben einer FK sind nach Hintz Willensbildung und Willensdurchsetzung, die in einer Wechselwirkung zueinander stehen. Diese wirken zusammen mit den Aufgaben Planung, Entscheidung, Ausführung und Kontrolle, welche wiederum aufeinander aufbauen. Anschließend folgen die Dokumentation der vorhergehenden Tätigkeiten und die Weitergabe der Informationen über die Tätigkeiten. Problemerkennung und -lösung bestimmen den täglichen Führungsprozess. Als FK strebt man danach, die Rentabilität des Unternehmens zu sichern, qualitatives und quantitatives Wachstum zu erreichen und den Bestand des Unternehmens sicherzustellen. Die Zukunftsfähigkeit eines Unternehmens hängt davon ab, inwieweit FK wissen, wie sie mit sich ständig ändernden Problemstellungen umgehen müssen (vgl. Hintz 2016, S. 30). Dabei kann man deren Aufgaben in drei Kerngebiete aufteilen: Organisation, Mitarbeiter und Arbeitsprozesse (vgl. Hintz 2016, S. 31)

Hintz beschreibt die Führungsaufgaben, aufgrund ihrer periodischen Abfolge, auch in Form eines regelmäßigen Kreislaufs. Dieser wird auf der nachfolgenden Seite abgebildet. Die Kernaufgabe, die sich durch den ganzen Führungskreislauf zieht, ist die Kommunikation. Eine FK sollte wissen, wie man in bestimmten Situationen zielführend mit MA oder Kunden kommuniziert. Voraussetzung für eine erfolgreiche Kommunikation ist die Kenntnis ihrer verschiedenen Wirkungsmechanismen und wie diese gezielt eingesetzt werden können. Kommunikation kann somit als einer der wichtigsten Faktoren für erfolgreiche Führung benannt werden (vgl. Hintz 2016, S. 32).

---

[1] Neben Hintz' Beschreibung der Führungsaufgaben im Führungskreislauf existieren zahlreiche Erläuterungen zu Führungsaufgaben von anderen Autoren. Diese Arbeit konzentriert sich auf Hintz' Darstellung, da dieser die Führungsaufgaben in Form eines Führungskreislaufs sehr anschaulich erklärt.

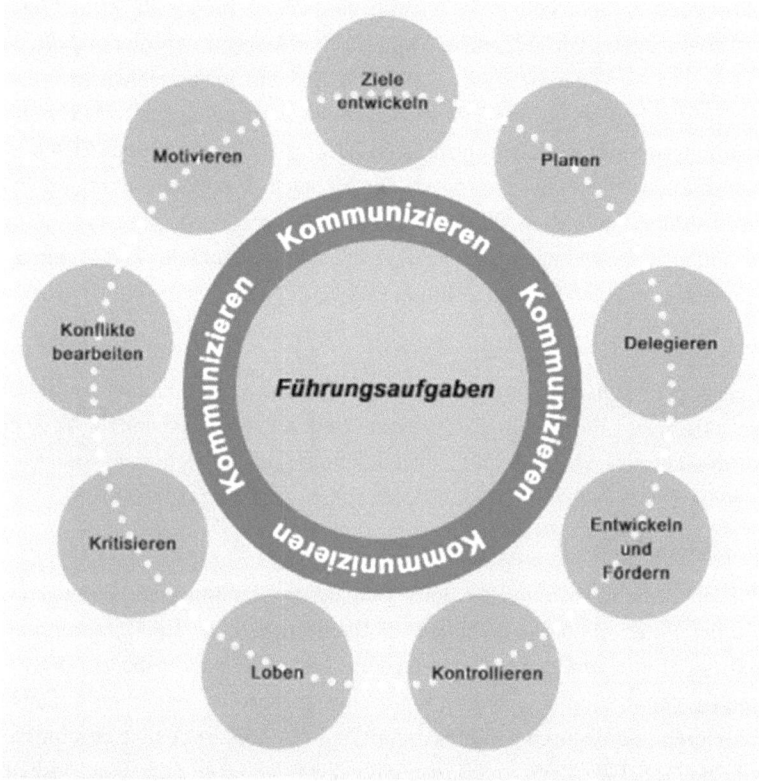

Abbildung 1: Führungsaufgaben im Führungskreislauf
(Hintz 2016, S. 32)

1. Ziele entwickeln

Zielbildung ist sowohl im Privatleben als auch im Arbeitsleben einer der wichtigsten Schritte, bevor man ein Vorhaben startet. Ohne eindeutig formulierte Ziele sollte man keine Arbeit beginnen. Deshalb kann Zielbildung als eine der bedeutendsten Führungsaufgaben genannt werden. Die Ziele werden mit den MA besprochen und die FK sorgt dafür, dass die MA bestrebt sind, sie zu verwirklichen. Bei der Zielvereinbarung gilt es, bestimmte Aspekte zu beachten: Das Ziel muss klar, eindeutig und schriftlich formuliert werden. Der Erfolg des Vorhabens hängt von der Klarheit des Ziels ab. Die Zielsetzungen der MA müssen sich mit den Zielvorstellungen des Unternehmens decken. Ist das nicht der Fall, wirkt sich das möglicherweise negativ auf den Erfolg des Unternehmens und auf die Zusammenarbeit aus, da sich die Zielvorstellung immer im Verhalten eines Menschen widerspiegelt. Außerdem ist es wichtig, dass die FK immer als Vorbild agiert und mit Überzeugung vorlebt, was sie von ihren MA erwartet. Toleranz, offenes Verhalten und Akzeptanz zwischen MA und FK sind wichtige Aspekte, um einen wechselseitigen Lernprozess zu erreichen. FK werden täglich mit verschiedenen Handlungsoptionen konfrontiert. Es ist wichtig, dass eine genaue Zielvorstellung formuliert wurde, weil es dadurch der FK leichter fällt, die richtigen Optionen auszuwählen. Außerdem kann man durch überlegte Zielsetzung am Anfang eines Vorhabens Entwicklungen und Erfolge, die sich im Laufe der Zeit ergeben, objektiv messbar machen (vgl. Hintz 2016, S.35 f.).

2. Planen

Hierbei geht es darum, Strategien zu entwickeln und Maßnahmen herauszuarbeiten, mit denen die vorher festgelegten Ziele, in möglichst kurzer Zeit, erreicht werden können. Der Aufwand, der dafür betrieben werden muss, sollte in einem angemessenen Verhältnis zu den Zielen stehen (vgl. Hintz 2016, S. 65).

3. Delegieren

Teilziele, Teilaufgaben und die dafür geforderten Handlungskompetenzen werden von der FK an die dafür befähigten MA weitergegeben. Die FK werden entlastet und die Motivation, das Selbstwertgefühl und die Leistungsbereitschaft der MA steigen. Somit können sich die FK gezielter auf ihre wesentlichen Aufgaben konzentrieren und dadurch gemeinsam mit den MA bessere Arbeitsergebnisse erzielen. Die FK behält die Verantwortung für die delegierten Aufgaben. Deshalb ist es wichtig, durch regelmäßige Überprüfung und Hilfestellung dafür zu sorgen, dass der Fortschritt der Bearbeitung mit möglichen Abweichungen immer transparent bleibt und somit die Delegation erfolgreich ist (vgl. Hintz 2016, S.77 f.).

4. Entwickeln und Fördern

Zu dieser Führungsaufgabe gehört, den MA bei der Arbeit stets zur Seite zu stehen und sie zu begleiten. Außerdem bekräftigen und fördern die FK Teamarbeit. Aufgabe der Führenden ist es, dafür zu sorgen, dass die MA unverzüglich alle nötigen Informationen über ihre Tätigkeit geliefert bekommen (vgl. Hintz 2016, S. 32).

5. Kontrollieren

FK machen Kontrolltermine mit den MA aus, um die bisherigen Arbeitsschritte zu überprüfen. Ein regelmäßiger Soll-Ist-Vergleich ist unabdingbar. Hierbei werden u.a. Planungsfehler, Fehlentscheidungen, Fehlverhalten oder generell Abweichungen von der Zielerreichung erkannt und gegebenenfalls Korrekturmaßnahmen vereinbart. Manche verbinden das Wort „Kontrollieren" mit etwas Negativem. Die Kontrolle der Arbeitsschritte ist jedoch essentiell, da die MA dadurch Orientierung bekommen und die Möglichkeit haben, sich weiterzuentwickeln. Ohne Kontrolle könnte man nicht feststellen, wer herausragende Arbeit geleistet hat, oder wem durch konstruktive Kritik geholfen werden kann (vgl. Hintz 2016, S.33 f., S.117).

6. Loben

Auch das Loben der MA zählt zu den wichtigsten Führungsaufgaben. Lob wird als Mittel eingesetzt, um die MA in ihrem Verhalten zu bestärken und ihr Selbstwertgefühl zu erhöhen. FK, die nur selten oder nie loben, werden unzufriedene MA in ihrem Team vorfinden. Die MA verlieren Motivation und Selbstvertrauen, wenn sie keine Anerkennung dafür bekommen, was sie leisten. Der Antrieb der MA zum Handeln entsteht erst durch soziale Akzeptanz. Daher ist es wichtig, dass FK ihren MA regelmäßig Lob aussprechen. Lob dient den MA auch als Orientierungshilfe und gleichzeitig sorgt es dafür, dass Verhaltensweisen, die von FK gefordert werden, verstärkt werden. Damit Lob seine vorgesehene Wirkung hat, gibt es bei der Ausübung viele Punkte, die FK beachten müssen. Diese sollen in dieser Arbeit jedoch nicht genauer aufgeführt werden (vgl. Hintz 2016, S.123 f.).

7. Kritisieren

Kritik ist eine Möglichkeit, bezüglich des Verhaltens der MA Korrekturen zu fordern und abzusprechen. Dabei kann Kritik eine positive Ausrichtung in Form von Lob oder eine negative Ausrichtung in Form von Tadel haben. Außerdem unterscheidet man zwischen konstruktiver Kritik, die in der Regel zur Verbesserung des MA führt und destruktiver Kritik, welche eine Rückwärtsentwicklung der MA zur Folge haben kann. Kritik als Aufgabe der FK ist dazu da, sich gegenseitig zu helfen, da man seine eigenen Fehler meistens nicht so gut sieht, wie andere sie sehen. Ebenso wie beim Loben, gilt es auch beim Kritisieren, einige Aspekte zu beachten, damit die gewünschte Wirkung eintritt (vgl. Hintz 2016, S.33, S.129 f.).

8. Konflikte bearbeiten

Damit Konflikte keinen Einfluss auf die Arbeitsergebnisse und das Arbeitsklima haben, gilt es u.a. als Aufgabe der FK, diese rechtzeitig zu erkennen und sich damit auseinanderzusetzen. Wie man mit Konflikten umgeht, ist der entscheidende Punkt. Mit einer konstruktiven Konfliktaustragung können nicht nur Probleme gelöst werden, sondern oftmals auch komplett neue Perspektiven entstehen und Wertvorstellungen im positiven Sinne verändert werden (vgl. Hintz 2016, S.33, S.145).

9. Motivieren

Nach Dwight D. Eisenhower lässt sich Motivation wie im Folgenden beschreiben: *„Motivation ist die Fähigkeit, einen Menschen dazu zu bringen, das zu tun, was man will, wann man es will und wie man es will – weil er selbst es will."* (Wacha 2016) Die Motivation der MA zu erhalten bzw. zu steigern und gleichzeitig Demotivierendes fern zu halten, gilt als eine der bedeutendsten Aufgaben von FK. Wenn die MA motiviert arbeiten, wird dadurch das Leistungsvermögen des Unternehmens gesteigert und die gemeinsam gesetzten Ziele werden schneller erreicht. Deshalb ist die Fähigkeit, MA zu motivieren, eine der gefragtesten Qualifizierungen von FK (vgl. Hintz 2016, S. 33)

2.3 Begriffsabgrenzung: Management versus Leadership

Die Abgrenzung der Begriffe „Management" und „Leadership" erfolgt in Anlehnung an das Modell von John P. Kotter (Kotter 1990)[2]. Das Wort „Führung" bzw. „Leadership" wird in wirtschaftlichen Zusammenhängen auf zwei unterschiedliche Arten interpretiert. Zum einen meint es den Vorgang, dass Menschen mobilisiert und gelenkt werden. Man sagt dann z.B., dass jemand die Führungsrolle innehat. Zum anderen beschreibt Führung eine Gruppe von Personen in bestimmten Positionen. In diesem Zusammenhang spricht man vom Führungsbereich einer Firma, in dem eine bestimmte Anzahl an MA beschäftigt ist. Heutzutage werden diejenigen, die eine Führungsposition innehaben, meistens Manager genannt. Daraus könnte man fälschlicherweise schließen, dass Führung und Management die gleiche Bedeutung haben. Das ist jedoch nach Kotter ein Trugschluss. Während Leadership schon immer existiert hat, hat sich Management erst in den letzten hundert Jahren, als Antwort auf die Entstehung komplexer Unternehmen, entwickelt (vgl. Kotter 1991, S. 17). Management wurde geschaffen, *„um komplizierte Unternehmen zeitlich und finanziell im Griff zu behalten. Das war und ist ihre wichtigste Funktion."* (Kotter 1991, S. 19) Leadership hingegen sorgt nicht wie

---

[2] Bei der Differenzierung der Begriffe „Management" und „Leadership" beziehen sich die meisten Quellen bzw. Autoren auf die Unterscheidung von John P. Kotter aus dem Jahr 1990. Daher erfolgt auch in dieser Arbeit die Begriffsabgrenzung nach Kotter.

Management für Festigkeit und Ordnung, sondern für Bewegung. Es werden Veränderungen angestoßen, Menschen werden zu Veränderungen motiviert und für Bewegung begeistert (vgl. Kotter 1991, S. 19).

Management und Leadership in komplexen Organisationen weisen nach Kotter auch Ähnlichkeiten auf: *„Beide verlangen Entscheidungen über das, was getan werden muss, schaffen Netze von Mitarbeitern und Beziehungen [...] und bemühen sich anschließend dafür zu sorgen, dass die Arbeit dann auch getan wird. In diesem Sinne handelt es sich bei beiden um in sich geschlossene Aktionssysteme."* (Kotter 1991, S. 20) Trotz mancher Ähnlichkeiten gibt es grundlegende Unterschiede zwischen Leadership und Management. Das gilt vor allem bei sehr großen Konzernen und Organisationen. Diese sollen nachfolgend beispielhaft in Anlehnung an Kotter erläutert werden (vgl. Kotter 1991, S. 20).

Dabei werden vier Phasen eines Projekts bzw. eines Vorhabens unterschieden:

Bei der *Entwicklung des Zeitplans* ist das Management verantwortlich für die allgemeine Finanzplanung und für das Definieren von einzelnen Schritten, Aufgaben und Zielen, während Führung -durch die Entwicklung einer Vision und Strategie- die Richtung vorgibt (erste Phase).

Der nächste Schritt ist die *Entwicklung eines menschlichen Netzwerkes, um Planvorgaben zu verwirklichen.* Hier unterscheiden sich Management und Leadership in der Hinsicht, dass das Management die Organisationsstruktur festlegt, Arbeitsbereiche einrichtet, qualifizierte MA einsetzt, Verantwortung delegiert und Überwachungsmechanismen einführt, wohingegen Leadership die MA ausrichtet. Sie gibt die Richtung für alle Beteiligten bekannt, um Gruppen mit Verständnis für die Vision und die Erreichung der Ziele zu errichten (zweite Phase).

Bei der eigentlichen *Durchführung* des Vorhabens ist dem Management die Rechnungsprüfung und Problemlösung zugeteilt. Dazu gehört die Durchführung von Soll-Ist-Vergleichen, das Erkennen von Abweichungen und das Finden von Problemlösungen. Führungsfiguren, sogenannte „Leader", hingegen motivieren und begeistern die MA bei diesem Schritt. Sie sorgen dafür, dass die MA auf ihrem Weg vorankommen und helfen ihnen dabei, Hürden zu überwinden (dritte Phase).

Bezogen auf die *Ergebnisse* des Vorhabens sorgt das Management für eine *„bestimmte Berechenbarkeit und Ordnung".* (Kotter 1991, S. 21) Leadership schafft Bewegung und Wandel und kann beträchtliche Veränderungen ermöglichen (vierte Phase) (vgl. Kotter 1991, S. 21).

Kotter identifiziert jeweils drei Kernprozesse für Management und Leadership. Diese verdeutlichen zusammenfassend den grundlegenden Unterschied zwischen den beiden Begriffen:

> **Management:**
>
> Planen und budgetieren
>
> Organisieren und Stellen besetzen
>
> Controlling und Probleme lösen
>
> Ergebnis: erzeugt Ordnung und Konstanz
>
> **Leadership:**
>
> Richtung vorgeben
>
> Mitarbeiter danach ausrichten
>
> Motivieren und inspirieren
>
> Ergebnis: erzeugt Wandel und Bewegung." (Kotter 1990, S. 4 f.)

Manager und Leader weisen unterschiedliche Fähigkeiten auf. Nur selten besitzt eine Person gleichzeitig sowohl Fähigkeiten, die einen guten Manager ausmachen, als auch diejenigen, die einen guten Leader kennzeichnen. Nach einer von Kotter angeführten Studie haben zwei Drittel von 200 befragten Managern in Unternehmen angegeben, dass die Vorgesetzten in ihrem Unternehmen starke Manager-Fähigkeiten aufweisen, jedoch nur geringe Leadership-Fähigkeiten. 95% der Befragten waren der Meinung, dass es zu wenige Führungsfiguren gibt, die sowohl Manager- als auch Leader-Qualitäten mitbringen (vgl. Kotter 1990, S.8 f.).

Kotter betonte bereits im Jahr 1990, dass Leadership in der Zukunft immer wichtiger werde und Leadership-Fähigkeiten für das Bestehen und Wachstum von Unternehmen eine wichtige Voraussetzung sein würden. Dies begründete er u.a. durch die rapiden technologischen Entwicklungen und Fortschritte, den demographischen Wandel und den wachsenden internationalen Wettbewerb. Kontinuierlicher Wandel erfordert immer mehr Leadership (vgl. Kotter 1990, S.12 f.).

Diese Aussagen treffen heute im 21. Jahrhundert noch mehr zu, da sich die Arbeitswelt gerade in einem revolutionären digitalen Wandel befindet, bei dem das Thema Leadership, sowie der Wandel dessen, eine sehr große Rolle spielen.

2.4 Traditionelle Führungsansätze

Führungstheorien beschreiben Strukturen, Rahmenbedingungen, Prozesse und Konsequenzen von Führung. Sie versuchen außerdem, die Bedingungen zu veranschaulichen, aus denen Führung entsteht, und herauszuarbeiten, wie die FK die MA beeinflussen kann, damit diese bestimmte Aufgaben erfüllen. Die Führungsforschung hat viele Theorien der Führung untersucht bzw. hervorgebracht, sodass 1980 bereits 30-40 verschiedene Führungstheorien existierten. Die Führungsansätze werden nicht voneinander abgelöst. Sie bestehen alle nebeneinander. Bis circa Mitte der 1970er Jahre dominierten drei Führungsansätze: personenzentrierte Ansätze, verhaltensorientierte Ansätze und situationstheoretische Ansätze. Im folgenden Kapitel sollen diese klassischen Führungsansätze in ihrer historischen Reihenfolge genauer dargestellt werden (Rieder 2014, 3f.).

2.4.1 Personenzentrierte Ansätze

Die personenzentrierten Führungsansätze gelten als historisch älteste Ansätze (vgl. Peters 2015, S. 20). Die zwei bekanntesten davon sind der eigenschaftsorientierte Ansatz und die „Great Man Theory".

Die Eigenschaftstheorie beruht auf der Annahme, dass Führungserfolg von ausgewählten stabilen, individuellen Eigenschaften der Führungspersönlichkeit abhängt (vgl. Kauffeld 2011, S. 70). Zu den Eigenschaften einer Person gehören Persönlichkeit, Begabung, Bedürfnisse, Motive und Werte (Hentze 2005, S. 101). Eine erfolgreiche FK nimmt mit ihren bestimmten Eigenschaften Einfluss auf die Handlungen ihrer MA (vgl. Au 2016, S. 8). Ziel des Ansatzes ist es, die individuellen Persönlichkeitsmerkmale herauszuarbeiten, die in enger Verbindung mit Führungserfolg stehen (vgl. Kauffeld 2011, S. 70). Zwischen 1900 und 1950 hat man damit begonnen, sich ideale Führungseigenschaften zu überlegen. Zahlreiche Studien wurden durchgeführt und schließlich hat man bestimmte Eigenschaften herausgearbeitet, die als Merkmale einer erfolgreichen FK genannt werden können: Verantwortungsbewusstsein, Durchhaltevermögen, Kreativität, sowie Selbstvertrauen, Beeinflussungsfähigkeit und Stressresistenz. In der darauffolgenden Zeit, zwischen 1950 und 1970, konzentrierte man sich mehr auf Kombinationseigenschaften, die Führungserfolg garantieren sollten: Kommunikative sowie zwischenmenschliche Fähigkeiten, Stresstoleranz, Unsicherheitstoleranz und Interesse daran, beruflich aufzusteigen (vgl. Peters 2015, S. 21).

Die „Great Man Theory" legt den Fokus auf die Persönlichkeit des Führenden (vgl. Rieder 2014, S. 5) und beruht nach Thomas Carlyle (1888) auf folgender Aussage:

„Die Fähigkeit zu führen ist, egal ob angeboren oder erworben, eine relativ stabile, zeit- und situationsunabhängige Persönlichkeitsdisposition." (Kauffeld 2011, S. 73)

Bei traditionellen Ansätzen wie diesen steht die führende Person im Mittelpunkt. So kommt der Beziehung zwischen Führendem und Geführten kaum Bedeutung zu (vgl. Au 2016, S. 8). Beide Theorien nehmen an, dass die wichtigsten Eigenschaften und Aspekte, um erfolgreich zu führen, angeboren sind (vgl. Rieder 2014, S. 6). Es wurde aber auch Kritik an den personenzentrierten Ansätzen geübt. Bemängelt wurden u.a. die fehlende Berücksichtigung der Situation, Theoriedefizite und das Ignorieren der Interdependenz von Charaktereigenschaften im Führungsprozess (vgl. Hentze 2005, S. 179 zitiert nach Neuberger 2002, S. 237 ff.).

2.4.2 Verhaltensorientierte Ansätze

Es stellte sich mit der Zeit heraus, dass sich Führungserfolg nicht, wie erhofft, allein anhand der Eigenschaften einer Person messen ließ (vgl. Blessin und Wick 2016, S. 87). Bei den personenzentrierten Ansätzen war man der Überzeugung, dass Produktivität und der Erfolg der Unternehmen zum größten Teil von der Führungsperson abhängen. Ab den 30er Jahren des 20. Jahrhunderts entwickelten sich Führungstheorien, bei denen der Fokus auf dem Verhalten der Führungspersönlichkeit in bestimmten Situationen lag und nicht mehr allein auf der Person bzw. den Eigenschaften dieser. In den sogenannten verhaltensorientierten Ansätzen bestand die Annahme, dass Führungserfolg überwiegend vom Verhalten der FK abhängt (vgl. Rieder 2014, S. 7f.).

Im Gegensatz zu den personenzentrierten Ansätzen spielten hier auch die Geführten und die Beziehung zwischen den Geführten und Führenden eine Rolle. Man konzentrierte sich darauf, welche Tätigkeiten die FK während ihrer Arbeit ausüben und welche davon als effektives Führungsverhalten eingestuft werden können (vgl. Landes und Steiner 2013, S.251 f.).

Der verhaltensorientierte Ansatz wurde optimistisch betrachtet, da man hoffte, dass er mit Lern- und Veränderbarkeit von Führung einhergehe (vgl. Kauffeld 2011, S. 71).

In den sogenannten Ohio Studien, die bis heute bestätigt werden konnten, wurde untersucht, wie erfolgsrelevantes Führungsverhalten konkret aussieht. Es wurde zunächst in zwei Dimensionen beschrieben: Mitarbeiterorientierung (Consideration) und Aufgabenorientierung (Initiation structure) (vgl. Landes und Steiner 2013, S. 251 f.). Dabei meint mitarbeiterorientierte Führung, dass die FK die MA anerkennen und auf die persönlichen Bedürfnisse und Ziele dieser eingehen. Bei der aufgabenorientierten Führung stehen die Aufgabe selbst und die Erledigung der Tätigkeiten im Vordergrund, während die persönlichen Belange der MA hinten angestellt werden (vgl. Peters 2015, S.22 f.).

Neben den zwei bisher genannten Dimensionen erfolgreicher Führung entwickelte sich durch den globalen Wandel die Strategie- und Entwicklungsorientierung als dritte Dimension. Man stellte fest, dass strategie- und entwicklungsorientiertes Verhalten den Führungserfolg positiv beeinflussen. Dazu zählten Aspekte, wie Visionen und Strategien entwickeln, Engagement für Veränderungen stärken, Flexibilität und Innovationsbereitschaft fördern und effektives Lernen begleiten. Kritisiert wurde an den verhaltensorientierten Ansätzen jedoch, dass auch mit den drei Dimensionen erfolgreicher Führung die Frage offen blieb, wann welches Verhalten relevant ist. Um diese Frage zu beantworten, entwickelten sich die situationstheoretischen Führungsansätze, welche im folgenden Kapitel dargestellt werden (vgl. Landes und Steiner 2013, S. 252).

2.4.3 Situationstheoretische Ansätze

Bei den Situationstheorien lag der Fokus nicht auf den idealen Führungseigenschaften, sondern auf der jeweiligen Führungssituation. Jede Situation bringt verschiedene Anforderungen mit sich. Die Herausforderung für die FK bestand darin, die Anforderungen zu erkennen und für jede Situation das richtige Verhalten zu wählen, um damit Führungserfolg zu erzielen (vgl. Peters 2015, S. 23). Führung ist somit situationsabhängig und die Person hat Erfolg, die die beste Lösung für die Aufgabe bzw. den besten Umgang mit der Situation findet. Umgekehrt bedeutet dies aber auch, dass sich die FK an die jeweilige Situation anpassen und den dafür geeignetsten Führungsstil anwenden können (vgl. Pinnow 2012, S. 146). Folglich gibt die Situation den „richtigen" Führungsstil vor. Daher existiert eine Vielzahl verschiedener Ansätze, die die Führungssituationen auf unterschiedlichste Art und Weise interpretieren (vgl. Peters 2015, S. 23). Es folgt eine Darstellung von zwei ausgewählten Ansätzen der Situationstheorie:

Der *Kontingenzansatz* von Fiedler (1967) ist einer der ersten und meist diskutierten situationstheoretischen Ansätze. Er beruht auf der Annahme, dass Führungserfolg größtenteils von der Motivation des Führenden sowie von organisationsinternen situativen Konstellationen abhängig ist (vgl. Rieder 2014, S. 155). Fiedler untersuchte die Wechselwirkung der Führungsstilvariablen „Mitarbeiter- und Aufgabenorientierung" mit den Situationsvariablen „Aufgabenstruktur, Beziehung zwischen FK und MA und Positionsmacht". Dabei beschreibt Fiedler die Führungsstilvariablen als stabile Orientierungen der FK. Die Ausprägung der Variablen richtet sich danach, wie die FK den am geringsten anerkannten MA beschreibt. Je positiver die Beschreibung ausfällt, desto höher ist die angenommene Mitarbeiterorientierung. Die Ausprägungen der Situationsvariablen zeigen an, wie „günstig" eine Situation ist. Eine günstige Situation ist gekennzeichnet durch gut strukturierte Führungsaufgaben, eine enge Beziehung zwischen MA und FK und eine starke Positionsmacht der FK. Laut Fiedler erreicht man den größten Führungserfolg in mittelgünstigen Situationen durch mitarbeiterorientierte Führung. In ungünstigen und sehr günstigen Situationen hingegen führt aufgabenorientierte Führung zum Erfolg. Fiedlers Kontingenztheorie erfuhr aufgrund von methodischen Mängeln und teilweise fehlender theoretischer Fundierung starke Kritik. Einige Autoren bezeichneten die Theorie sogar als „gescheitert" (vgl. Kauffeld 2011, S. 72).

Hersey und Blanchard entwickelten in ihrem „*Reifegradmodell der Führung*" eine weitere situative Komponente (vgl. Landes und Steiner 2013, S. 253). Sie führten ein Vier-Felder-Modell ein, das auf den beiden Führungsstilvariablen Aufgaben- und Mitarbeiterorientierung basierte. Das Modell enthielt den Reifegrad der MA als weitere situative Variable. Dieser wird an den Aspekten Motivation und Kompetenz gemessen. Je nach Ausprägung von Motivation und Kompetenz lassen sich vier verschiedene Mitarbeitertypen unterscheiden. Für jeden davon wird ein anderes Führungsverhalten empfohlen. Ein aufgabenorientierter Führungsstil ist geeignet für MA, die wenig motiviert und kompetent sind (niedriger Reifegrad), wohingegen sich für motivierte und kompetente MA ein mitarbeiterorientierter Führungsstil empfiehlt (hoher Reifegrad) (vgl. Kauffeld 2011, S. 76f.).

- Reifegrad 1 („geringe Motivation und wenig Kompetenz") : „Telling" („Anweisen und Dirigieren")
- Reifegrad 2 („hohe Motivation und wenig Kompetenz") : „Selling" („Anleiten und Trainieren")
- Reifegrad 3 („geringe Motivation und hohe Kompetenz") : „Participating" („Unterstützen und Beraten")
- Reifegrad 4 („hohe Motivation und hohe Kompetenz") : „Delegating („Delegieren") (Rieder 2014, S. 156).

Das Verhalten der FK passt sich an den Reifegrad der MA an und verändert sich erst dann, wenn sich die MA weiterentwickeln und dadurch einen anderen Reifegrad annehmen. Kritisiert wird an dem Modell von Hersey und Blanchard zum einen die Operationalisierung der Variable „Reifegrad" und zum anderen das Fehlen von empirischen Belegen. Negativ geäußert wurde außerdem, dass die Messverfahren zu unzuverlässig seien (vgl. Kauffeld 2011, S. 73). An den Situationstheorien allgemein wurde ebenfalls Kritik geübt: Dadurch, dass unzählige Situationsmerkmale existieren, würden diese von FK wahllos ausgesucht werden. Dazu kommt, dass die Merkmale oft nicht ausreichend genau bestimmt wurden (vgl. Rieder 2014, S. 157).

2.5 New Leadership Approach

Im Zuge des globalen Wandels werden FK im Laufe der Zeit mit immer anspruchsvolleren und sich verändernden Anforderungen konfrontiert. Um diese erfolgreich zu bewältigen, wurden seit den 1980er Jahren neue Führungsansätze entwickelt, die unter dem sogenannten „New Leadership Approach" zusammengefasst werden. Der Fokus der neuen Führungsansätze liegt auf dem Verständnis von Führung im Kontext einer Unternehmensumwelt, die geprägt ist von Krisen und Veränderungen und in der FK in der Lage sein müssen, mit radikalen Veränderungen und Niederlagen umzugehen (vgl. University of Leicester. 2010). Im Gegensatz zu den traditionellen Führungsansätzen, die sich durch eine autoritäre Machtfigur mit alleinigem Entscheidungsrecht auszeichneten, geht es bei den neuen Führungsansätzen verstärkt darum, den Untergeordneten MA mehr Mitspracherecht bei der Lösung von Problemen im Unternehmen zu gewähren (vgl. Haire). Im Vergleich zu den klassischen Führungstheorien werden in den neuen Ansätzen auch emotionale Aspekte thematisiert (vgl. Robbins 2001, S. 385).

Zwei der bekanntesten Führungstheorien des „New Leadership Approach" sind die transaktionale und die transformationale Führung. Der amerikanische Politikwissenschaftler Burns (1978) hat zum ersten Mal die beiden Begriffe grundlegend definiert. Aufgegriffen wurde das Konzept der transaktionalen und transformationalen Führung als erstes von Bernard Bass im Bereich der Politik. Bass übertrug das Konzept in den 1980er Jahren in die Wirtschaft und entwickelte die beiden Führungstheorien weiter (vgl. Peters 2015, S. 52). Beide Ansätze werden in den folgenden Kapiteln genauer dargestellt.

2.5.1 Transaktionale Führung

„Transactional leadership refers to the exchange relationship between leader and follower to meet their own selfinterests." (Bass 2010, S. 10)

Transaktionale Führung beruht auf einer Austauschbeziehung zwischen FK und MA. Das Verhalten der MA wird durch die transaktionale Führungsfigur mithilfe bedingter Belohnung, Zielvereinbarung und Rückmeldung gelenkt (vgl. Kauffeld 2011, S. 74). Das Grundprinzip funktioniert folgendermaßen: Wenn die FK dem MA gibt, was er sich wünscht, dann bekommt auch die FK im Gegenzug, was sie erwartet (vgl. Heuschele et al., S. 1). Durch den Austauschprozess lernt der MA, bei welchem Verhalten er Gegenleistung von der FK bekommt und wie er Tadel so gering wie möglich halten kann. Die Anerkennung erwünschten Verhaltens durch die FK, z.B. durch finanzielle Anreize, soll die Motivation, Leistung und Zufriedenheit der MA steigern. Voraussetzung dafür ist, dass der Zusammenhang von Leistung und Belohnung für die MA deutlich wird und das Verhältnis dabei stimmt (vgl. Kauffeld 2011, S. 74). Dies ist z.B. gegeben, wenn es für beide Parteien eine „Win-win-Situation" ist oder wenn beide Seiten nicht unzufrieden mit der Situation sind. Der Vorteil dieses Führungsstils ist die klare Handlungsstruktur, die sich dadurch bildet. Deshalb ist der transaktionale Ansatz am besten für Routinetätigkeiten geeignet (vgl. Heuschele et al., S. 1). Die transaktionalen Führungsansätze beinhalten nach Bass neben dem Prinzip der bedingten Belohnung außerdem das *aktive und passive Management by Expectation. Aktives Management by Expectation* bedeutet, dass die FK Standards vorgibt, Leistungskontrollen durchführt und, wenn nötig, eingreift, um Korrekturen vorzunehmen. Beim passiven Ansatz greift die FK nur in Ausnahmefällen ein (vgl. Kauffeld 2011, S 74 f.). Bei der transaktionalen Führung wird aus extrinsischer Motivation heraus gehandelt. Sie resultiert dabei aus einem *„nutzenorientierten Austausch von Leistung und Belohnung."* (Peters 2015, S. 53)

2.5.2 Transformationale Führung

„Transformational leadership elevates the follower's level of maturity and ideas as well as concerns for achievement, self actualization and the wellbeing of others, the organisation, and society." (Bass 2010, S. 11)

Transformationale Führung ist eine Erweiterung des transaktionalen Ansatzes um die Komponente der intrinsischen Motivation (vgl. Kauffeld 2011, S. 75). Mit der Zeit stellte sich heraus, dass nicht nur Rationalität und Effizienz als wichtige

Faktoren für erfolgreiche Führung gelten, sondern auch die Emotionen der MA. Diese müssen angesprochen werden, um gute Führung zu erreichen. Transformationale Führung spricht nicht nur den Verstand der MA an, sondern auch deren Emotionen. Für die FK reicht es nicht mehr aus, lediglich Problemlösungseigenschaften zu besitzen. Durch den rasanten globalen Wertewandel gilt es als Aufgabe der FK, den MA Sinn zu vermitteln, Kreativität und Ideen zu fördern. Die MA sollen Begeisterung und Interesse entwickeln für die Aufgaben, die ihnen zugeschrieben werden und für die Ergebnisse, die sie für das Unternehmen erzielen (vgl. Heuschele et al., S. 1).

> „Leadership bedeutet nicht, Leute dazu zu bringen, Dinge zu tun, die sie nicht tun wollen, sondern Leute dazu zu befähigen, Dinge zu erreichen, die sie niemals glaubten erreichen zu können." (Heuschele et al., S. 1)

Der Antrieb und die Motivation der MA werden gestärkt, indem man ihnen Eigenverantwortung und gleichzeitig die Möglichkeit der Selbstverwirklichung zugesteht, z.B. in Form von Mitbestimmung. Die FK agiert als Vorbild und zeichnet sich durch hohe soziale und emotionale Kompetenzen aus (vgl. Daskalakis, S. 1).

Eine transformationale Führungsfigur versucht die Bedürfnisse der MA nicht nur zu erkennen, sondern auf einen „höheren Reifegrad" anzuheben. Sie bringt die Motive, Werte und Ziele der MA auf ein höheres Level (vgl. Peters 2015, S. 55). Als „Handlungsmotor" dienen nicht mehr finanzielle Anreize oder Lob, wie es bei der transaktionalen Führung war, sondern die Möglichkeit der Selbstverwirklichung und die Identifikation mit der von der FK vorgelebten Vision. Wenn es der FK gelingt, Vertrauen gegenüber den MA zu schaffen, ihnen mit Respekt und Wertschätzung gegenüber zu treten, sind die MA bereit, über das bisherige Maß hinaus, Leistung zu erbringen (vgl. Kauffeld 2011, S. 75).

Dabei lassen sich vier grundlegende Strategien des transformationalen Führens festmachen:

> **„Idealisierter Einfluss (Charisma):** Die FK zeigt Überzeugung, betont Vertrauen, positioniert sich auch bei kritischen Themen und übernimmt die ethische Verantwortung.
>
> **Inspirierende Motivation:** Die FK formuliert attraktive Zukunftsvisionen, betont die Bedeutung von bevorstehenden Aufgaben und zeigt sich optimistisch, engagiert und enthusiastisch.

Intellektuelle Stimulation: Die FK unterstützt ihre MA darin, eine kritische Haltung zum Status quo einzunehmen und belohnt neue, kreative Lösungsansätze und Inspirationen.

Individualisierte Beachtung: Die FK berücksichtigt die individuellen Bedürfnisse und Fähigkeiten ihrer Untergebenen." (Kauffeld 2011, S. 75)

Gegenüber der transaktionalen Führung wirkt sich der transformationale Ansatz positiv auf die objektiven Leistungskriterien aus. Zufriedenheit, Vertrauen und Engagement der MA steigen. Die Arbeitsleistungen verbessern sich, was sich z.b. in höheren Verkaufszahlen und höherer Kundenzufriedenheit widerspiegelt. Transformationale Führung gilt laut Kauffeld (2001) als Erfolgsfaktor, v.a. in Zeiten, die von Unsicherheit und Veränderungen geprägt sind (vgl. Kauffeld 2011, S. 75 f.).

Die zwei oben genannten Führungsansätze stellen keine Gegensätze dar, sondern sind als sich ergänzende Komponenten anzusehen. FK können sowohl transaktionale als auch transformationale Ansätze in ihrer Führung aufweisen. Durch die Ergänzung des transaktionalen Stils mit transformationalen Komponenten erreicht man bei den MA eine höhere Motivation und dadurch eine Leistungssteigerung. Erst das Zusammenspiel beider Führungsstile führt zu Zusatzeffekten, welche sich in besseren Gesamtergebnissen äußern. MA erbringen die erwartete Leistung, motiviert durch die Belohnung, die ihnen in Aussicht gestellt wird. (Austauschprinzip der transaktionalen Führung). Tritt die FK den MA mit entsprechendem transformationalem Verhalten gegenüber, erhöhen diese dadurch ihr eigenes Anspruchsniveau und sind motiviert, mehr Leistung zu erbringen (vgl. Peters 2015, S. 57 f.). Abbildung 2 stellt die Inhalte, Konsequenzen und den Zusammenhang von transaktionaler und transformationaler Führung dar.

Leadership

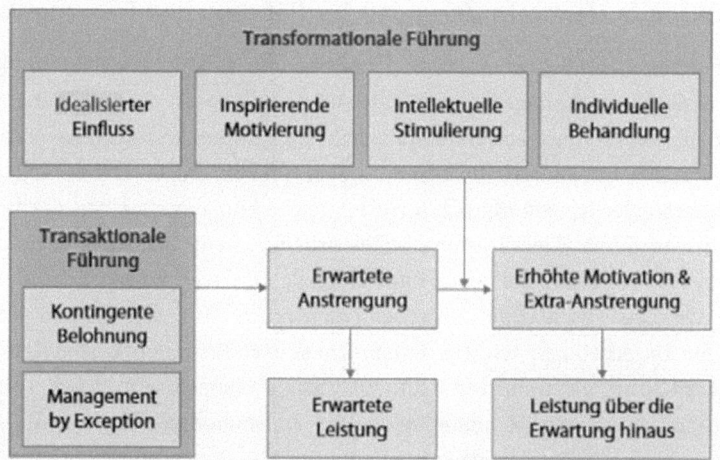

Abbildung 2: Inhalte und Grenzen der transaktionalen und transformationalen Führung (Nerdinger et al. 2014, S.91)

3 Aktuelle Herausforderungen für Führung und Führungskräfte

Der Arbeits- und Führungsalltag in Unternehmen ist geprägt von kontinuierlichen Veränderungen. Komplexer werdende Aufgaben erfordern neue Teamstrukturen und ein neues Führungsverständnis. Führungsformen und Aufgaben der FK verändern sich. Ein anderes Rollenverständnis von Führung und moderne Führungsverfahren werden erforderlich für erfolgreiche Führung. Das Bild der Unternehmen wird durch Digitalisierung, agiles Arbeiten, neue Teamstrukturen und Projektarbeit bestimmt. Steigende internationale Verflechtung sorgt dafür, dass sich der Wettbewerb unter den Unternehmen verstärkt. Um mithalten zu können, ist es für Unternehmen wichtig, entsprechende Maßnahmen einzuleiten. Die FK agiert hierbei als treibende Kraft im Change Management. Dabei spielen bereichsübergreifende Kommunikation und Zusammenarbeit sowie die Nutzung von Synergien in Teams eine große Rolle.

FK sind für das bedeutsamste Kapital im Unternehmen, den MA bzw. Menschen, verantwortlich. Hierarchien werden immer flacher und daraus ergibt sich eine breitere Führungsspanne. FK müssen ihre Aufgaben neu strukturieren und neue Führungsinstrumente einsetzen, um eine erfolgreiche Führung sicherzustellen. Kommunikation, Entwicklung und Motivation sind Aspekte, die für FK immer wichtiger werden, um die MA an das Unternehmen zu binden (vgl. Haufe Online Redaktion 2017c).

In den letzten Jahrzenten basierten die Führungstheorien auf einer zielgerichteten Steuerung von Organisationen. Die Vereinbarung von Zielen und deren Messbarkeit waren ausschlaggebende Faktoren für eine erfolgreiche Führung von Menschen und Organisationen. Das Konzept der zielgerichteten Führung verliert immer mehr an Bedeutung. Umstände, unter welchen Ziele vereinbart wurden, können sich täglich ändern. Dies hat zur Folge, dass die vereinbarten Ziele irrelevant werden. Die MA fordern mehr Freiraum in ihrem Handeln und wollen sich nicht an Ziele klammern, die nicht mehr der Realität entsprechen. Führung wird zunehmend als unsicher empfunden, wodurch das Vertrauen der MA in Führung zurückgeht.

Klassische Führungsansätze erweisen sich nach kritischen Auseinandersetzungen als unzeitgemäß, wodurch eine Lücke in Führungstheorie und -praxis entsteht. Daher stellt sich die Frage, wie man die Führungsaufgaben in Zukunft bewerkstelligen soll. Bisher war es so, dass die FK einen Weg vorgegeben haben und die MA gefolgt sind, weil sie Vertrauen in die FK hatten, dass diese sich besser auskennen als sie selbst. Faktoren, wie der demographische Wandel, die Globalisierung, die Individualisierung und v.a. die Digitalisierung, worauf in meiner Arbeit der Fokus liegt, verändern das bisherige Bild von Führung grundlegend (vgl. Gebhardt et al. 2015, S.4 f.).

Die Digitalisierung löst Marktfaktoren als wichtigste Treiber von Veränderungen in Unternehmen ab. Sie gilt derzeit als bedeutsamster Transformationstreiber in Unternehmen jeder Branche (vgl. Petry 2016, S. 21). Nach Cole (2017) besteht die Herausforderung für FK darin, zwischen *„erhaltungswürdigem Traditionsbewusstsein und einem Festklammern an liebgewordenen, aber längst überholten Abläufen und Gewohnheiten"* unterscheiden zu lernen (Cole 2017, S. 15). FK müssen Neuem gegenüber offen sein, es akzeptieren und v.a. in die Unternehmensabläufe integrieren. Die Herausforderung ist hier der Zeitfaktor. FK müssen sich mit der Integration der Veränderungen beeilen, um wettbewerbsfähig zu bleiben, da im digitalen Zeitalter die Uhren nach „Moore's Law" ticken. Gordon Moore, Gründer von Intel, stellte fest, dass sich die Leistungsfähigkeit digitaler Systeme alle 18 Monate verdoppelt. Dies hat ein exponentielles Wachstum der Digitalisierung zur Folge. Vielen FK geht dieser Wandel zu schnell und sie haben das Gefühl, nicht hinterherzukommen. Die Geschwindigkeit des Wandels lässt sich jedoch nicht beeinflussen und neue Entwicklungen lassen sich nicht aufhalten (vgl. Cole 2017, S.15 f.). Dem entgegen steht die organisatorische und individuelle Trägheit. Diese ist v.a. in mittelständischen und großen Unternehmen oft anzutreffen. Die Herausforderung besteht darin, diese Trägheit zu überwinden, digital ausgerichtete, unternehmerische Visionen zu entwickeln, Geschäftsmodelle zu überdenken, sowie mutig und optimistisch die Veränderungsprozesse anzupacken und proaktiv zu gestalten (vgl. Kreutzer et al. 2017, S. 1).

Die folgende Abbildung stellt abschließend zu diesem Kapitel den Vergleich von bisherigen und zukünftig geforderten Organisationsqualitäten dar. Verschiedenen Aspekten, die in Organisationen eine Rolle spielen, wie z.B. der Markt oder die Struktur, werden bisherige und zukünftige Merkmale zugeordnet. Der bisherige standortnahe Massenmarkt wird sich künftig zu globalen und volatilen Märkten wandeln und anstatt hierarchischer Ordnung wird sich die Struktur in Organisationen zu einem großen Netzwerk entwickeln (vgl. Gebhardt et al. 2015, S. 34).

Organisationen	bisher	künftig
Kontext	Industrialisierung	Digitalisierung
Markt	standortnaher Massenmarkt	globale, volatile Märkte
Fokus	Fertigungskompetenz, Auslastung	Kundenwünsche, flexible Allianzen
Struktur	hierarchische Ordnung	Netz („chaotisch")
Richtung	top down	inhaltsabhängig veränderlich
Zweck	Aufgaben verteilen	Synergien zusammenführen
Bild	Verwaltungsapparat	lebendiger Organismus
Hindernisse	Bürokratie und Funktionäre	unklare Strukturen und Verantwortlichkeiten
Gefahren	Stillstand	Stress durch permanente Veränderung
Funktion	über Abhängigkeiten und Befugnisse	über Talente und Kompetenzen
Ideal/Ziel	alle eingliedern/mitnehmen	sich individuell entwickeln/emanzipieren

Abbildung 3: Gegenüberstellung der Organisationsqualitäten im Kontext der Digitalisierung
(Gebhardt et al. 2015, S.34)

3.1 Megatrend Digitalisierung

Das Verständnis von Führung und FK in Unternehmen und Organisationen ist, wie oben bereits erläutert, einem kontinuierlichen Wandel ausgesetzt. Es muss immer wieder veränderten Rahmenbedingungen und neuen Entwicklungen angepasst werden, ähnlich wie Organisationsstrukturen und Geschäftsmodelle. Einer der stärksten Treiber dieser Veränderungen ist die Digitalisierung der Wirtschaft (vgl. Lorenz und Enke 2016, S. 8). Wie z.B. neue Technologien die Gesellschaft verändern, so beeinflusst die Digitalisierung auch die Wirtschaft (vgl. Crummenerl und Seebode Orsolya 2012, S. 2).

Zunächst ist dafür zu klären, was der Begriff der Digitalisierung eigentlich bedeutet. Nach Thomas Hess (2016) vom Institut für Wirtschaftsinformatik und neue Medien an der LMU in München kann Digitalisierung auf verschiedene Art und Weise interpretiert werden. Die technische Interpretation ist eine der am häufigsten verwendeten Definitionen. Danach bezeichnet Digitalisierung *„einerseits die Überführung von Informationen von einer analogen in eine digitale Speicherform und andererseits [...] die Übertragung von Aufgaben, die bisher vom Menschen übernommen wurden, auf den Computer."* (Hess 2016)

Neben der technischen Interpretation von Digitalisierung kann man bei der Erklärung des Begriffes auch zwischen Digitalisierung im Alltag und Digitalisierung in Wirtschaft und Gesellschaft unterscheiden. Ersteres meint die Digitalisierung eines Buches oder Dias. Die Digitalisierung der Wirtschaft und Gesellschaft hingegen beschreibt, in welcher Art und Weise sich die Menschen verändern, wenn die Welt um sie herum zunehmend digitalisiert wird und die digitale die analoge Technik nach und nach ersetzt. Beide Interpretationen weisen einen starken Zusammenhang auf. Wenn z.B. ein Buch digitalisiert wird, kann es leicht kopiert werden und somit fällt die alte Art und Weise, mit Büchern Geld zu verdienen, weg. Zugleich bedeutet die Digitalisierung eines Buches, dass man Wissen viel leichter und schneller an die Gesellschaft verteilen kann (vgl. Ebert).

Digitalisierung meint außerdem nach Axel Schröder *„die zunehmende Durchdringung von Wirtschaft und Gesellschaft mit digitalen Technologien [...]." „Dabei wird das Verhalten der Individuen durch die Vernetzung verändert."* (Schröder)

Die Digitalisierung weist verschiedenste Ausprägungen auf. Künstliche Intelligenz, Big Data, Cloud Computing, Internet of Things und Industrie 4.0 sind hierbei fünf der bedeutendsten, die sich im Zusammenhang mit der Digitalisierung entwickeln (vgl. Shahd 2017). Diese gelten, neben gesellschaftlichen Entwicklungen, zugleich als Treiber der Digitalisierung und sollen nachfolgend kurz erläutert werden.

1. Künstliche Intelligenz

Künstliche Intelligenz kann als Teilgebiet der Informatik beschrieben werden, *„welches versucht, menschliche Vorgehensweisen der Problemlösung auf Computern nachzubilden, um auf diesem Wege neue oder effizientere Aufgabenlösungen zu erreichen".* (Lämmel und Cleve 2012, S. 13) Künstliche Intelligenz hat in den letzten Jahren stark an Bedeutung gewonnen. Hohe Rechnerkapazitäten, die Verfügbarkeit von enorm großen Datenmengen und bessere Algorithmen haben dazu beigetragen, dass Maschinen heutzutage ausgereifte Fähigkeiten besitzen und die Digitalisierung dadurch große Fortschritte macht (vgl. Klug 2017).

2. Big Data

Die „3V" Definition beschreibt sehr gut, worum es grundlegend bei dem Begriff „Big Data" geht. Big Data sind Datenmengen, die erstens in sehr großen Mengen vorkommen bzw. produziert werden (Volume), zweitens mit hoher Geschwindigkeit generiert, ausgearbeitet und weiterverarbeitet werden (Velocity) und drittens die verschiedensten Datentypen und -quellen aufweisen (Variety) (vgl. Márquez und Lev 2016, S.91 f.; vgl. Salzig 2016). Durch die Gewinnung von neuen Informationen, die in kürzester Zeit einer großen Zahl an Nutzern zur Verfügung stehen müssen, werden, mithilfe von enorm großen Datenmengen aus den unterschiedlichsten Quellen, wirtschaftliche Erfolge erzielt (vgl. Salzig 2016).

3. Cloud Computing

Unter Cloud Computing versteht man, dass abstrahierte IT-Infrastrukturen, wie z.B. Datenspeicher, Rechenkapazität, Programmierumgebungen und fertige Software über ein Netzwerk zur Verfügung gestellt werden, wobei sie dynamisch an den jeweiligen Bedarf angepasst werden. Die dynamische Anpassung wird vorwiegend durch Bündelung der Infrastrukturdienstleistungen realisiert. Kern des Cloud-Konzeptes ist die Bereitstellung von Dienstleistungen in einer Kombination aus virtualisierten Rechenzentren, dem Einsatz moderner Web-Technologien und einer flächendeckenden Netzwerkinfrastruktur in den Industriestaaten. Zur Bereitstellung im laufenden Betrieb werden keine Mensch-Maschine-Interaktionen mehr gebraucht. (vgl. Metzger et al. 2011, S. 11 f.). Cloud Computing gilt als Basis für eine erfolgreiche Digitalisierung (vgl. Schinko 2017).

4. „Internet of Things"

Der wissenschaftliche Dienst des Deutschen Bundestags definiert das „Internet der Dinge" als eine *„technische Vision, Objekte jeder Art in ein universales digitales Netz zu integrieren"* (Lindner 2016). Alltagsgegenstände können hierbei mit einer eindeutigen Identität im Internet repräsentiert und gesteuert werden. Der Begriff ergibt sich aus der Verknüpfung der Welt der Dinge mit der Welt der Daten. Das Internet der Dinge ist allgegenwärtig (vgl. Lindner 2016). *„Das Internet of Things bietet Unternehmen nicht nur neue Geschäftsfelder und Umsatzquellen, es ermöglicht ihnen letztlich, im digitalen Zeitalter zu überleben."* (Wardenbach 2016)

5. Industrie 4.0

Der Begriff „Industrie 4.0" beschreibt die Verknüpfung der Produktion mit modernsten Informations-und Kommunikationstechniken. Die Digitalisierung treibt diese Entwicklung rasant an. Sogenannte „intelligente Fabriken" (Smart Factories) sind Kern der Industrie 4.0, der vierten industriellen Revolution. Digital vernetzte, intelligente Systeme, die eine selbstorganisierte Produktion ermöglichen, sind technologische Grundlagen für die „Smart Factories". Es findet eine direkte Kommunikation und Kooperation zwischen Menschen, Maschinen, Anlagen und Produkten statt. Produktions- und Logistikprozesse zwischen Unternehmen im gleichen Produktionsprozess werden miteinander verknüpft. Dadurch entstehen intelligente Wertschöpfungsketten und zugleich eine effizientere und flexiblere Produktion (vgl. Bundesministerium für Wirtschaft und Energie, Referat Öffentlichkeitsarbeit - Plattform Industrie 4.0 2017). Virtuelle und reale Welt wachsen zunehmend zusammen. Um dem Konsumenten Produkte, Dienstleistungen und

Prozesse auf neue, innovative Art und Weise individuell und nach persönlichem Bedarf zur Verfügung stellen zu können, werden diese digitalisiert. Bis 2025 können in Deutschland allein durch die Industrie 4.0 Produktivitätssteigerungen in Höhe von 78 Milliarden Euro ermöglicht werden. Unternehmen sind daher herausgefordert, sich mit modernen Märkten und Arbeitswelten zu beschäftigen und somit ihre Geschäftsmodelle zu digitalisieren. Dieser Schritt ist nicht leicht für Unternehmen, da sich die neuen, innovativen, digitalen Geschäftsmodelle nur schwierig auf traditionelle, eher unflexible Geschäftsmodelle anwenden lassen (vgl. Crummenerl und Seebode Orsolya 2012, S. 2).

Die Digitalisierung ist somit eine der größten Herausforderungen, vor der Unternehmen heutzutage stehen. Sie sorgt dafür, dass Arbeitsprozesse und -beziehungen angekurbelt und verstärkt werden. Sie ermöglicht über Zeitzonen hinweg eine erfolgreiche Kommunikation zwischen FK und MA. Durch elektronische Medien werden größte Entfernungen leichter überbrückt. Es werden digitale Netzwerke gebildet, wodurch alle MA eng miteinander verbunden sind. Arbeitsstrukturen werden komplexer, aber zugleich durchschaubarer. Durch die Digitalisierung lösen sich Grenzen zwischen Kulturen, Ländern und sozialen Gruppen nach und nach auf (vgl. Remdisch 2016, S. 2). Digitalisierung ist allgegenwärtig. In der digitalen Welt werden Themen wie 3D-Druck, Industrie 4.0, künstliche Intelligenz, Cloud Computing, Big Data, Social Networking und universelle Konnektivität zu den meistdiskutiertesten Themen. Jede dieser Technologien beeinflusst uns in der Art, wie wir leben, kommunizieren, arbeiten und interagieren. Und sie verändern nicht nur Wertschöpfungsketten, Organisationsstrukturen und Geschäftsmodelle, sondern gesamte Unternehmen. Diesem Wandel ist jede Branche und jedes Unternehmen ausgesetzt. Entscheidend ist, dass es den Unternehmen gelingt, die digitale Transformation umzusetzen und somit am Markt zu „überleben", denn die Digitalisierung macht vor niemandem Halt (vgl. Heads! Executive Consultancy und Deloitte Digital GmbH 2015, S. 2).

3.2 Auswirkungen der Digitalisierung auf Arbeitswelt und Führung

Die Digitalisierung zeigt gravierende Auswirkungen auf die Arbeitswelt. Räumliche und zeitliche Arbeitsgestaltung werden flexibler (vgl. Buhr, S. 11). Dabei werden Themen wie ortsunabhängiges Arbeiten, Homeoffice, Vertrauensarbeitszeit und Gleitzeit immer relevanter (vgl. Haufe Online Redaktion 2017a). Damit könnte die Präsenzkultur in Betrieben aufgebrochen werden (vgl. Hans Böckler Stiftung, S. 5). Bereits im Jahr 2011 gaben 76% der Unternehmen in Deutschland an, eine flexible Art der Arbeitsgestaltung umzusetzen und ihren MA die Möglichkeit zu gewähren, den Arbeitsort und die Arbeitszeit flexibel wählen zu können (vgl. b-wise GmbH 2011). Dadurch steigern Unternehmen auch ihre Attraktivität als Arbeitgeber (vgl. Börkircher et al. 2016, S. 13). Durch die Digitalisierung wird diese Art der Arbeitsgestaltung immer mehr umgesetzt und auch immer häufiger von den MA nachgefragt und gefordert (vgl. b-wise GmbH 2011). Der physische Arbeitsplatz verschiebt seine Bedeutung zu einem sozialen Treffpunkt für zwischenmenschliche Interaktionen und Netzwerke (vgl. Schwarzmüller et al. 2017, S. 3). Die Mehrheit der Unternehmen vertritt die Meinung, dass eine flexible Arbeitsgestaltung die Produktivität und Motivation der MA fördert, da diese so ihr Privat- und Berufsleben besser miteinander vereinen können (vgl. b-wise GmbH 2011). Dies würde besonders Frauen entgegenkommen, da diese meistens die Hauptlast der Kindererziehung tragen. Aber auch für Männer ist eine flexible Arbeitsgestaltung vorteilhaft, da sie sich oft mehr Zeit mit der Familie wünschen. Die Art der flexiblen Arbeitsgestaltung birgt allerdings auch Gefahren. Es kann dazu führen, dass es für MA kaum noch ein Leben außerhalb der Arbeit gibt und sie sozusagen „always on" sind. MA könnten sich dadurch verpflichtet fühlen, nach Feierabend oder sogar am Wochenende zu arbeiten. Dies kann mehr Druck und Belastung für die MA zur Folge haben (vgl. Hans Böckler Stiftung, S. 5). Außerdem haben FK durch flexible Arbeitsgestaltung deutlich weniger Kontrolle darüber, was und wann ihre MA arbeiten. Dabei besteht die Gefahr, dass MA die Situation zu ihren Gunsten ausnutzen.

Die Digitalisierung beeinflusst auch Arbeitsabläufe. Diese werden mit der Zeit immer mehr digitalisiert, automatisiert und dezentralisiert. Zugleich werden die Hierarchien immer flacher. Dadurch werden alle Arbeitsabläufe transparenter. Man spricht bei bestimmten Szenarien nicht mehr von Mensch oder Maschine, sondern längst von Mensch und Maschine. Es zeigt sich die Tendenz, den Maschinen immer größere Bedeutung zuzumessen. Die Digitalisierung sorgt dafür, dass Wissens- und Produktionsarbeit immer mehr „Eins" werden. Dadurch können Arbeitsabläufe effizienter und effektiver gestaltet werden. Die Effizienz und Effektivität der Arbeitsprozesse wird zudem durch neue entlastende Assistenzsysteme begünstigt. Das bedeutet aber zugleich, dass Administrations- und Produktionsprozesse zunehmend automatisiert werden.

Im Rahmen einer Expertinnen- und Expertenbefragung zur Digitalisierung an der Technischen Universität in München wurden die Auswirkungen der Digitalisierung auf die Wettbewerbssituation der Unternehmen untersucht: Das Wettbewerbsumfeld verändert sich, es kommen immer schneller neue Wettbewerber hinzu (vgl. Schwarzmüller et al. 2017). Um wettbewerbsfähig zu bleiben, ist es für Unternehmen wichtig, über den Tellerrand hinaus zu blicken. Das bedeutet, dass sie sich nicht nur auf digitale Technologien konzentrieren, sondern untersuchen, was sich aufgrund der Digitalisierung im Wettbewerbsumfeld verändert. FK müssen sich in einer Unternehmensumwelt beweisen, die geprägt ist vom exponentiellen Wachstum der Produktivität, technologischen Entwicklungen und Innovationen (vgl. Petry 2016, S.30).

Die Auswirkungen der Digitalisierung auf Geschäftsmodelle zeigt sich darin, dass *„der Nutzen, für den ein Kunde bezahlt, auf Wegen bereitgestellt wird, die durch die Digitalisierung (erst) möglich geworden sind."* (Sassenrath 2017) Erkennbar wird dies, wenn Unternehmen keine Produkte mehr anbieten, sondern Services. Ein Beispiel aus dem B2C Bereich hierfür wäre, wenn jemand einen Staubsauger braucht, aber nicht das Gerät persönlich besitzen möchte, sondern nur an der Reinigungswirkung interessiert ist. Das Geschäftsmodell sähe dann so aus, dass der Kunde z.B. die Betriebsstunden in Rechnung gestellt bekommt oder sogar die Menge des aufgenommenen Staubs, was durch modernste Technik bereits möglich ist, ohne das Gerät an sich kaufen zu müssen. Noch nie da gewesene Geschäftsmodelle entstehen. So besitzt z.B. die große Telefongesellschaft Skype keine eigene Telefoninfrastruktur mehr oder die bekanntesten „Media Owner", wie Facebook oder Twitter, erstellen selbst keine Inhalte (Schwarzmüller et al. 2017). Daten sind hierbei die wichtigsten Ressourcen für Unternehmen, da sie die Basis für neue Geschäftsmodelle darstellen. Weitere Beispiele für digitale Geschäftsmodelle sind Google oder Apples Appstore. Die sogenannten Plattformmodelle bringen verschiedene Marktteilnehmer zusammen. Sogenannte „Sharing Economy" Geschäftsmodelle, wie z.B. Airbnb oder BlaBla Car sind digitale Geschäftsmodelle. Auch hier werden die Besitzer mit den Nutzern verbunden. Durch die Digitalisierung findet ein fließender Übergang von digitalen Produkten zu digitalen Geschäftsmodellen statt (vgl. Sassenrath 2017).

Neben der Arbeitsgestaltung, den Wettbewerbsstrukturen und den Geschäftsmodellen ändern sich auch Wertschöpfungsketten innerhalb von Organisationen radikal im Zuge der Digitalisierung. So findet Wertschöpfung immer mehr in Netzwerken statt, die über Organisationen und Abteilungen hinaus reichen. Externe MA werden in den Wertschöpfungsprozess mit eingebunden. So werden hochqualifizierte Fachkräfte, je nach Bedarf, beauftragt und sogenannte „Clickworker" ersetzen Festangestellte, indem sie ihre Aufgaben übernehmen. Es geht darum, neue

Organisationskonzepte auszuarbeiten und Innovation im Bereich Produkte und Prozesse zu entwickeln. Um dies zu erreichen, werden teilweise auch Kunden mit in den Wertschöpfungsprozess integriert (vgl. Schwarzmüller et al. 2017). Mit intelligenten Wertschöpfungsketten, die alle Lebenszyklusphasen eines Produktes einschließen, kann besser als bisher auf individuelle Kundenwünsche eingegangen werden. Die maßgeschneiderte Produktion nach individuellen Kundenwünschen fällt den Unternehmen durch die zunehmende Digitalisierung nun leichter. Diese Art der Fertigung könnte der neue Standard für Unternehmen werden. Trotz individueller Fertigung ist Potenzial zur Kostensenkung vorhanden. Die Wertschöpfungskette kann dahingehend optimiert werden, dass Informationen in Echtzeit verfügbar sind, sodass z.B. rechtzeitig auf geringen Rohstoffbestand reagiert werden kann. Energie und Ressourcen können eingespart werden, indem Produktionsprozesse dementsprechend unternehmensübergreifend gesteuert werden (vgl. Bundesministerium für Wirtschaft und Energie, Referat Öffentlichkeitsarbeit - Plattform Industrie 4.0 2017).

Durch die wachsende Automatisierung von Prozessen ändern sich auch die Arbeitsinhalte. Ausführende Tätigkeiten werden weniger, während überwachende Tätigkeiten zunehmen. Routinearbeiten werden immer öfter durch Maschinen ersetzt. Kognitiv anspruchsvolle Tätigkeiten und Dienstleistungen hingegen nehmen zu. Diese Arbeiten erfordern komplexe zwischenmenschliche Interaktionen und führen zu steigenden Anforderungen an die MA. Flexibilität, Agilität, die Bereitschaft sich stetig weiterzubilden und eine positive Einstellung gegenüber Neuem werden immer häufiger beim MA vorausgesetzt. (vgl. Schwarzmüller et al. 2017).

Aufgrund der steigenden Automatisierung der Arbeitsprozesse befürchtet ein Großteil der Gesellschaft den Wegfall vieler Arbeitsplätze. Nach Wissenschaftlern des ZEW und der Universität Utrecht, ist allerdings die Nachfrage nach Arbeitskräften, aufgrund der erhöhten Produktivität auch angestiegen, wodurch langfristig mehr Jobs entstehen, als wegfallen (vgl. Hans Böckler Stiftung, S. 4). Diese untersuchten die Auswirkungen des technologischen Wandels auf die Arbeitsnachfrage in 200 Regionen der EU, zwischen 1999 und 2010, und stellten fest, dass die Angst vor umfangreicher Arbeitslosigkeit durch die Digitalisierung oder genauer gesagt, durch den technologischen Wandel übertrieben sei, jedoch hänge die Höhe der Arbeitsnachfrage stark davon ab, wofür die Gewinne aus der gestiegenen Produktivität verwendet werden, meinen die Autoren (vgl. Hans Böckler Stiftung, S. 4). Welche Auswirkungen die Digitalisierung wirklich auf den Wegfall von Arbeitsstellen und die Entstehung neuer Arbeitsplätze hat, wird kontrovers diskutiert. Eine Untersuchung des Weltwirtschaftsforums in Davos ergibt, dass weltweit gesehen durch die Digitalisierung 7,1 Millionen Arbeitsplätze wegfallen, während nur 2,1 Millionen neue Arbeitsstellen entstehen. Eine Studie an der Universität in Oxford kam 2013 zu dem Ergebnis, dass in den USA 47% aller Arbeitsstellen gefährdet seien. Häufig werden auch sogenannte „Gewinner" und „Verlierer" der Digitalisierung identifiziert. So hat z.B. die Unternehmensberatung PwC festgestellt, dass in Branchen wie Transport, Logistik und Handel, der Bedarf an Arbeitskräften zurückgeht, während jedoch in den Branchen Medien, Technologie und Telekommunikation, die Nachfrage nach Arbeitskräften um ganze 11% steigen wird. Besonders für Hochschulabsolventen wird es laut der PwC-Studie bis 2030 mehr Arbeitsplätze geben. Bis dahin sollen zwei Millionen Akademiker mehr gebraucht werden, jedoch nicht ausschließlich, in den Fächern Mathematik, Informatik, Naturwissenschaften und Technik. Britta Matthes, IAB-Forscherin, ist der Meinung, dass durch die Digitalisierung unzählige Arbeitsplätze nicht einfach so wegfallen würden. Durch wirtschaftliche Revolutionen wie die Digitalisierung würden sich Berufe vielmehr verändern, wie sich dies auch an historischen Beispielen wie der Industrialisierung aufzeigen lasse. (vgl. WeltN24 GmbH 2016).

Natürlich gibt es neben den positiven Auswirkungen auch negative Auswirkungen, die man durch die Digitalisierung befürchtet. Wie oben bereits erläutert, kann die flexible räumliche und zeitliche Arbeitsgestaltung dazu führen, dass die Arbeitsbelastung für die MA steigt. Die dauerhafte Erreichbarkeit lässt MA oft nicht mehr von der Arbeit abschalten und der Druck auf die MA steigt. Folglich entwickeln sie Krankheiten wie Burn-Out oder Depressionen. Die Studie „Stress am Arbeitsplatz" der Bertelsmann Stiftung bestätigt dies und äußert, dass inzwischen jeder dritte deutsche Arbeitnehmer mit berufsbedingtem Stress zu kämpfen hat (vgl. Siebert 2017). Aufgrund der flexiblen räumlichen Arbeitsgestaltung sitzen MA oft gar nicht mehr in den Büros der Firma, für die sie arbeiten. Daher kennen sich MA untereinander immer weniger. Gemeinsame Kantinenbesuche oder Unternehmungen werden zu einer Seltenheit. Oft können sich MA dann nur noch wenig mit ihrem Unternehmen identifizieren (vgl. Kulturzeiten.de Sander Schützeichel GbR 2015).

Die Digitalisierung könnte laut Siebert (2017) auch zur Folge haben, dass menschliche Arbeit abgewertet wird. Durch intelligente Software wird menschliche Arbeit in vielen Bereichen immer unwichtiger und finanziell weniger wert. Unser Konsumverhalten hat sich dahingehend geändert, dass wir Kleidung öfter online als im Laden kaufen. Wir benötigen nur noch eine App und keinen Sprachkurs mehr, um eine Sprache zu lernen und benutzen Online Banking. Das kann zur Folge haben, dass Berufe wie Verkäufer, Sprachlehrer, oder Bankangestellte/r gesellschaftlich und sozial bedeutungslos werden (vgl. Siebert 2017).

Das Thema Cybersicherheit, das bisher eher im Hintergrund betrachtet wurde, wird durch die Digitalisierung gesellschaftlich und politisch immer wichtiger. Cyberkriminalität nimmt mit der Digitalisierung stark zu. Kreditkartendaten, Passwörter und Internet-Identitäten sind andauernd der Gefahr ausgesetzt, ausgespäht zu werden. Man spricht von einer neuen Phase der Entwicklung der Cyberkriminalität, in der ganze Unternehmen existenziell gefährdet sind, da oftmals die meisten Produkte und Services in den Unternehmen nur noch in digitaler Form verwendet werden, so Kapersky in der Pressemitteilung „The Great Bank Robbery" im Februar 2015 (vgl.Becker und Knop 2015b, S. 8). Deshalb ist für Unternehmen eine fortdauernde, proaktive Weiterentwicklung und Anpassung von Sicherheitsmaßnahmen unerlässlich. Den Unternehmen gelingt dies jedoch häufig nicht, da das Thema der Sicherheit eines Produktes oft erst nach der Produktentwicklungsphase miteinbezogen wird und es dann oft zu spät ist. Cybersicherheit ist nicht ausschließlich eine technologische Angelegenheit, sondern betrifft auch die handelnden MA (vgl. Becker und Knop 2015b, S.7 f.). So beschreibt Luis Alvarez, Vorstandsvorsitzender von BT Global Services, sichere Unternehmen wie folgt: *„Sichere Organisationen entstehen nur dann, wenn man einige sehr harmlos klingende Dinge, nämlich Kooperation, Partnerschaft und Kompetenz, mit der sichersten Hard- und Software kombiniert."* (Becker und Knop 2015b, S. 10)

Vor der digitalen Revolution wurde Wissen automatisch mit Macht verbunden. Wer gebildet war, hatte meistens eine gute Ausbildung genossen und viel Geld dafür bezahlt. Heute, im Zeitalter der Digitalisierung, ist es nahezu für jeden möglich, an eine Vielzahl von Informationen zu gelangen, ohne dass deren Wahrheitsgehalt überprüft wird, geschweige denn als gesichert angesehen werden kann. Auf diese Weise entsteht eine Art Halbwissen, das für einige Interessensgruppen die Grundlage bildet, bestimmte Stimmungslagen in weiten Kreisen zu erzeugen und schnell zu verbreiten (vgl. Kulturzeiten.de Sander Schützeichel GbR 2015).

Hinsichtlich der Veränderungen in den Organisationen der Unternehmen, der Inhalte und Formen der Arbeitsgestaltung, ergeben sich auch neue Anforderungen an Führung und FK im Zuge der digitalen Revolution. Diese entstehen mitunter dadurch, dass FK generell für Veränderungen und Koordination in Unternehmen verantwortlich sind und somit auch für die Umsetzung der oben beschriebenen Veränderungen im Rahmen der Digitalisierung (vgl. Schwarzmüller et al. 2017).

Das bedeutet, dass neben der Überarbeitung der Geschäfts- und Arbeitsmodelle auch Führungsmodelle unter die Lupe genommen und angepasst werden müssen. Die Veränderung auf den Märkten und die neuartigen Arbeitsmethoden beeinflussen Führung und FK. Deren Aufgabe ist es, diese Entwicklungen zu verstehen, sie anzunehmen und dann umzusetzen. FK handeln als Vorbild bei der Umsetzung von neuen Methoden und Instrumenten. Diese Rolle haben sie schon immer inne, jedoch führt die Digitalisierung zu neuen Herausforderungen in ihrer Rolle und erhöht den Druck auf die FK (vgl. Lorenz und Enke 2016, S. 8). Führung muss sich also im Zuge der Digitalisierung verändern. Sie muss einer agilen Umwelt angepasst werden, um mit den immer dynamischer werdenden Arbeitsformen mithalten zu können (vgl. Eilers et al. 2017, S. 2). Die Anforderungen an Führung verändern sich auch, weil sich die Menschen, die geführt werden, und deren Ansprüche im digitalen Zeitalter verändern. Ihr Job soll ihnen Sinn vermitteln und Freiheit in der Gestaltung gewähren. Außerdem möchten sie mit Menschen aus der ganzen Welt in einem Team zusammenarbeiten. Immer wichtiger wird für MA, dass sie sich mit ihrem Arbeitgeber identifizieren können und auch bei strategischen Entscheidungen Mitspracherecht haben. FK müssen ihren MA als Coach und Mentor auf Augenhöhe begegnen. Die Zeiten, in denen FK rein hierarchisch Befehle aussprechen und die MA diese ausführen sind laut Kienbaum (2017) vorbei (vgl. Kienbaum 2017, S.2 f.).

Von Vorgesetzten erfordert das Digitalzeitalter daher ein neues Verständnis von Führung, welches unter dem Begriff „Digital Leadership" zusammengefasst werden kann. (Apriori - business solutions AG 2017). Zunächst soll der Begriff „Digital Leadership" definiert und dessen Bedeutung erklärt werden.

4 Digital Leadership

4.1 Definition und Bedeutung

Da sich die allgemeinen Umstände im Rahmen der Digitalisierung laufend ändern, wandeln sich damit auch die Definitionen für Digital Leadership im Laufe der Zeit. Daher gibt es keine einheitlich etablierte Definition des Begriffes. Der Begriff weist verschiedene Bedeutungsebenen auf, was eine einheitliche Definition zusätzlich erschwert. Die drei Dimensionen der Digital Leadership nach Euler (2016) lauten wie folgt:

- Leadership mithilfe digitaler Anwendungen
- Führung von Digital Natives
- Leadership während des Prozesses der digitalen Transformation (vgl. Euler 2016).

Oftmals wird Digital Leadership nur in einer Ebene betrachtet, wie z.B. in der Studie „Digital Leadership", die von Autoren der Unternehmen Center for Leadership and Behaviour in Frankfurt a. M. in Kooperation mit drei weiteren Unternehmen durchgeführt wurde. In der Studie wird Digital Leadership wie folgt definiert:

> „Digital Leadership bedeutet die Führung in Unternehmen durch Nutzung von neuen Methoden und Instrumenten durch die Führungskräfte, wie zum Beispiel zur Kollaboration in sozialen Medien, in der Leistungsbewertung durch onlinebasierte, mobile Systeme oder auch im Projektmanagement durch Methoden wie Scrum, BarCamp [...]." (Helfritz et al. 2016, S. 3)

Sprinkart und Gottwald beschreiben Digital Leadership in Verbindung mit „Knowledge Media", was sie als einen *„kontextsensitiven Umgang mit digital vernetzten Medienverbünden"* definieren (Sprinkart und Gottwald 2003, S. 16), also als ein *„Zusammenwachsen der Bereiche Telekommunikation, Informationstechnologie, Medien, Entertainment und Sicherheitstechnik zu einem vernetzten Markt auf digitaler Basis."* (Sprinkart und Gottwald 2003, S. 15)

Die Führungsfigur, die für die Umsetzung des Digital-Leadership-Ansatzes und der digitalen Transformation des Unternehmens verantwortlich ist, wird als „Digital Leader" bezeichnet. Die Studie von Crisp Research mit dem Titel „Digital Leader – Leadership im digitalen Zeitalter" bietet hierzu folgenden Definitionsversuch: Der Digital Leader wird, wie oben bereits erwähnt, als *„digitale Füh-*

rungsfigur und Verantwortlicher der digitalen Transformation im Unternehmen" verstanden [...] *„Dabei steht er, als digitale Führungsfigur, stellvertretend für die Digitalisierung des eigenen Unternehmens und zeichnet sich durch ein fundiertes Wissen sowie ein ausgeprägtes Digital-First-Denken aus. Der Digital Leader führt sein Team mit einem hohen Partizipationsgrad, regt neue Innovationen an und geht für den Fortschritt der digitalen Transformation auch neue Wege."* (Velten et al. 2015, S. 8 f.)

Ähnlich charakterisiert Deloitte (2015) den Digital Leader als *„Verantwortlichen, eine Vision für die digitale Zukunft des Unternehmens zu erschaffen, der Organisation eine klare Richtung vorzugeben und jeden Einzelnen aktiv in den Transformationsprozess mit einzubeziehen."* (Heads! Executive Consultancy und Deloitte Digital GmbH 2015, S. 9) Genau das ist das Entscheidende, was Digital Leadership ausmacht: *„Ideen werden nicht mehr von einsamen Managern am Reißbrett entwickelt, sondern von allen und die Besten gehen nach einem demokratischen Entscheidungsprozess in Produktion."* (Apriori - business solutions AG 2017) Digital Leadership bedeutet für die FK keine alleinigen Entscheidungen mehr im Unternehmen zu treffen, den MA als Motivator und Coach gegenüber zu treten, sie bei ihrer Weiterentwicklung zu unterstützen und ihnen zu zeigen, wie sie ihre Einstellungen und ihr Denken mit den Zielen des Unternehmens vereinen können (vgl. Apriori - business solutions AG 2017).

In vielen Unternehmen wird für die Umsetzung der Aufgaben und der Funktion des Digital Leader ein Chief Digital Officer (CDO) eingestellt. Wie beim Digital-Leadership-Begriff gibt es auch hier keine allgemein gültige Definition. Nach Walchshofer und Riedl (2017) wird der CDO *„zunehmend geschaffen, um die digitale Transformation in Unternehmen zu planen und umzusetzen."* [...] *„Dazu ist es notwendig, digitale Trends zu beobachten, eine Digitalstrategie zu erarbeiten, effiziente Strukturen zu schaffen, persönliche Netzwerke zu pflegen, sowie als Schnittstelle und digitaler Experte bereichsübergreifend zu agieren."* (Walchshofer und Riedl 2017, S. 324) *„Der CDO muss einerseits die bestehende Ordnung in Frage stellen, andererseits die Mitarbeiter aller Abteilungen auf die digitale Reise mitnehmen und ständig und überall für seine Vision werben."* (Hascka-Helmer und Dresbach 2015) Allgemein gesagt kümmert sich der CDO um die digitale Transformation des Unternehmens. Er hat einen Sitz im Vorstand, um mehr bewegen zu können (vgl. Hascka-Helmer und Dresbach 2015).

4.2 Neue Anforderungen an Führung und Führungskräfte

Die Digitalisierung schreitet in unaufhaltsamem Tempo voran. Durch die globale Entwicklung der Märkte, den Wandel der Gesellschaft und die Forderung nach mehr Demokratie, wird vieles davon kritisch betrachtet, was FK lange Zeit unter Führung verstanden. Einer der kritischsten Faktoren dabei ist das rasante Tempo, in dem der Wandel geschieht. Ein Trend für neue Arbeits- und Organisationsformen folgt dem nächsten (vgl. Ayberk et al. 2017, S. 1).

Organisationen, die sich heutzutage noch auf traditionelle Führungskonzepte stützen, würden laut Ayberk (2017) nicht mehr lange funktionieren und früher oder später gegen ihre Wettbewerber am Markt verlieren. Bisherige Erfolgskonzepte für FK wirken im Zeitalter der Digitalisierung nicht mehr (vgl. Ayberk et al. 2017, S. 1).

FK müssen es sich zum Ziel machen, aus den Vorteilen der Digitalisierung einen Nutzen zu ziehen. Die Wettbewerbsfähigkeit von Unternehmen kann durch die Digitalisierung wieder gesteigert werden. Gleichzeitig kommen aber neue Marktteilnehmer dazu und aus Partnern können schnell Wettbewerber werden. Daher sei laut dem Bundesverband deutscher Unternehmensberater eine Weiterentwicklung des Führungsverhaltens unbedingt notwendig (vgl. Adamczyk et al., S. 1).

Oft verbinden wir die derzeitigen Veränderungen nur mit Technik, Prozessen und Produkten. Es sind jedoch auch die Menschen, die den Wandel vorantreiben und die den Unterschied für Menschen ausmachen (vgl. Ayberk et al. 2017, S. 2). Daher sollen im Folgenden kurz die Herausforderungen für Führung und FK erläutert werden, die sich nach Creusen et. al (2017) durch technologische und gesellschaftliche Entwicklungen ergeben.

Durch die hohe Geschwindigkeit, in der sich technologische Innovationen entwickeln, müssen Unternehmen schneller reagieren. FK und ihre MA müssen in jedem Bereich technologische und digitale Kompetenzen erweitern, um fit für die Zukunft zu sein. Wissensarbeit soll künftig keine Routineaufgaben mehr beinhalten, da diese durch digitale Programme automatisierbar sind. Auch die Dauer der Verwaltungstätigkeiten kann dadurch verringert werden. Um die Teams so effizient und produktiv wie möglich zu gestalten, sollen FK auf Cloud- und Sharing-Angebote zurückgreifen. Der Aufbau von Netzwerken hat im Zeitalter der Digitalisierung stark an Bedeutung gewonnen und ist auch einfacher als früher. Sowohl das eigene als auch das Netzwerk der MA spielen eine wichtige Rolle, da sich zusätzliches Know How oft in der Interaktion mit anderen Menschen entwickelt. FK müssen dafür sorgen, dass ihr Team in Netzwerke integriert ist. (vgl.Creusen et al. 2017, S.101 f.)

Da Maschinen immer mehr komplexe Aufgaben übernehmen, müssen FK lernen, ein Verständnis für die Stärken der MA und der Maschinen zu entwickeln. So können sie die MA für erfüllende und wertsteigernde Arbeiten einsetzen, damit diese Kreativität beweisen und experimentieren können. Es geht darum, Möglichkeiten zu finden, wie Maschinen und Menschen mit den bestmöglichen Ergebnissen in Teams zusammenarbeiten können. Wenn der FK das gelingt, kann ihr Team laut Creusen (2017) einen Wettbewerbsvorteil gegenüber anderen Unternehmen am Markt haben. (vgl.Creusen et al. 2017, S.103 f. zitiert nach Brynjolfsson und McAfee 2015)

Bisher war es so, dass die MA, die Antworten auf neue Problemstellungen hatten, in höhere Positionen befördert wurden. Mit der Zeit ist allerdings die Fähigkeit, Fragen zu stellen, genauso wertvoll geworden, um etwas in einem Unternehmen zu erreichen. (vgl. Creusen et al. 2017, S.104 zitiert nach Brynjolfsson und McAfee 2015). *„Gute Führungskräfte führen mehr mit Fragen, als mit Antworten. Und sie leiten vor allem junge Mitarbeiter dazu an, unermüdlich relevante Fragen zu stellen, die bei der Lösungssuche helfen."* (Creusen et al. 2017, S. 104 zitiert nach Brynjolfsson und McAfee 2015)

Die Nachfrage nach Arbeitsplätzen mit Routinetätigkeiten ist zurückgegangen, wohingegen nicht routinemäßige, kognitive Jobs immer gefragter werden. Dadurch wird der Kampf um neue MA mit bestimmten Qualifikationen verstärkt. Für die FK besteht die Herausforderung darin, ihr Recruiting, das bislang ausschreibungsorientiert war, zu einem „Active Sourcing" zu wandeln. Das heißt, sie müssen versuchen, Bewerber aus anderen festen Arbeitsstellen abzuwerben. Damit das funktioniert, müssen die FK sicherstellen, dass ihre Arbeitgeberattraktivität dementsprechend hoch ist (vgl. Creusen et al. 2017, S.104 f. zitiert nach Brynjolfsson und McAfee 2015).

Im Projekt „Digital Work Design – Turning Risks into Chances" (Schwarzmüller et al. 2017) an der technischen Universität München wurden 44 Digitalisierungs-Experten und Expertinnen aus Wirtschaft, Wissenschaft und Politik zu den Veränderungen von Führung aufgrund von Digitalisierung befragt. Dabei stellten sich acht zentrale Veränderungen heraus, die in der untenstehenden Abbildung mit ihrer Nennungshäufigkeit dargestellt sind. Im folgenden Kapitel werden die Veränderungen in Anlehnung an Abbildung 4 erläutert.

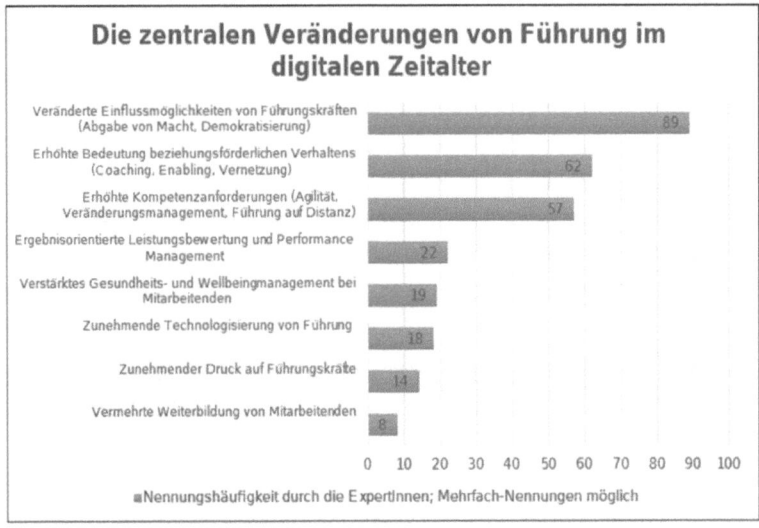

Abbildung 4: Zentrale Veränderungen von Führung durch Digitalisierung
(Schwarzmüller et al. 2017, S.4)

4.2.1 Geänderte Führungsaufgaben

Im Zeitalter der Digitalisierung müssen FK ihren MA die Erlaubnis erteilen, selbstständiger zu arbeiten. Begründet wird dies durch die steigende Komplexität der Aufgaben in Unternehmen. Für FK wird es dadurch immer schwieriger, das Wissen rund um die Aufgabenstellung zu besitzen (vgl. Schwarzmüller et al. 2017, S. 4). Den MA wird durch die Befähigung zum selbstständigen Arbeiten mehr Verantwortung übertragen. Das kann letztlich auch deren Motivation fördern (vgl. Summa 2016, S. 8). Dazu gehört auch, dass die FK den MA, unabhängig von der Hierarchieebene, immer auf Augenhöhe entgegentreten statt von oben herab. Eine zunehmende Demokratisierung zeigt sich u.a. dadurch, dass Visionen und Ziele von FK und MA gemeinsam und partizipativ entwickelt werden. In der Gemeinschaft ist nicht die Position im Unternehmen ausschlaggebend, sondern die besten Ideen und Vorschläge, egal von wem sie stammen (vgl. Creusen et al. 2017, S. 180). An Problemen und Projekten wird gemeinsam gearbeitet, ohne Anweisungen von „oben". Den MA wird beigebracht, was im „Notfall" zu tun ist. Dadurch sind sie nicht mehr abhängig von Entscheidungen der FK, sondern können selbst die Probleme lösen (vgl. Creusen et al. 2017, S. 108). Durch die Digitalisierung wird das Prinzip der Selbstorganisation immer wichtiger. Zunehmende Dezentralisierung und kleinräumigere Abstimmungen führen zu einer höheren Autonomie und Flexibilität der MA, ohne dass FK Anweisungen geben müssen (vgl. Gebhardt et al. 2015, S.11 f.). Früher verband man Beteiligung der MA automatisch mit Machtverlust der FK. Heutzutage ist es, wie oben bereits erwähnt, wichtiger für FK, Verantwortung und die Erledigung der Aufgaben den MA zu übertragen (vgl. Gebhardt et al. 2015, S. 29). FK müssen im digitalen Zeitalter lernen, einen Teil ihrer Macht an die MA abzugeben und somit deren Autonomie zu fördern. Um diese Art der „verteilten" Führung umsetzen zu können, brauchen FK zunächst großes Vertrauen in die eigenen MA. Diese Art der Führung erfordert aber nicht nur Vertrauen, sondern fördert dieses auch im Team, was zu einer besseren Teamleistung führen kann.

Mit der Abgabe der Verantwortung der FK an die MA geht einher, dass FK zunehmend als motivierende, inspirierende Vorbildfiguren agieren müssen. Die MA suchen nach einer Tätigkeit, die sinnstiftend ist. Die FK hat die Aufgabe, dem MA zu vermitteln, dass dies in seinem Arbeitsumfeld als reale Möglichkeit angesehen werden kann. Die Qualifikation, inspirierend führen zu können, wurde in der „Global Chief Executive Officer Study" (IBM, 2012) als eine der wichtigsten Anforderungen für FK in der Zukunft genannt (vgl. Schwarzmüller et al. 2017, S. 5).

Für FK ist es, v.a. im Zeitalter der heutigen Generation, eine wichtige Aufgabe, den Sinn, Zweck und das Ziel des Unternehmens zu beschreiben. Zum einen fällt es der FK dadurch leichter, stimmige Entscheidungen zu treffen und eine eigene Kultur zu entwickeln und zum anderen können MA davon die Prinzipien ihrer täglichen Arbeit ableiten. Hauptaufgabe von FK ist es, die Rahmenbedingungen vorzugeben, dass der Sinn bestimmt ist und regelmäßig kontrolliert wird. Wenn man am Sinn arbeitet, sind Faktoren wie Geschwindigkeit, Agilität und Leistung im Unternehmen leichter zu erreichen. (vgl. Ayberk et al. 2017, S. 110). Die persönliche Selbstverwirklichung wird heutzutage immer mehr mit dem Beruf verbunden. Klassische Autoritätsmuster werden von den Digital Natives zunehmend in Frage gestellt (vgl. Gebhardt et al. 2015, S.17 f.).

> „Die Zeiten, in denen FK in klar definierten und eng umgrenzten Räumen einer eindeutig mandatierten Weisungsbefugnis, anhand eindeutig formulierbarer Ziele, agieren konnten, sind endgültig vorbei." (Gebhardt et al. 2015, S. 19)

Für FK wird es immer schwieriger, Entscheidungen zu treffen. Dies zählt aber nach wie vor zu den essentiellen Aufgaben von FK. Die Auswirkungen von bestimmten Entscheidungen werden aufgrund des schnellen Tempos, in dem sich Innovationen entwickeln, immer weniger einschätzbar. FK müssen auf das Fachwissen von MA und anderen Akteuren vertrauen (vgl. Crummenerl und Kemmer 2015, S. 4). Mit der Digitalisierung ändert sich auch die Bedeutung von Entscheidungen. Es gibt kaum noch eine Unterscheidung zwischen richtiger und falscher Entscheidung. An die Stelle von richtigen oder falschen Entscheidungen tritt permanente Anpassung. Die Bereitschaft der FK, ihre Entscheidungskompetenz an Teams abzugeben, nimmt im digitalen Zeitalter zu. Im Team können Entscheidungen schneller und agiler getroffen werden. Wichtige und alleinige Aufgabe der FK ist es, dafür einen geeigneten Rahmen zu schaffen und sicher zu stellen, dass überhaupt Entscheidungen getroffen werden können (vgl. Ayberk et al. 2017, S. 47).

So kann man zusammenfassend sagen, dass Führung nicht mehr nur von der FK durchgeführt werden kann, sondern laut Gebhardt, Hofmann und Roehl (2015) nur mithilfe von kollektiver Entscheidungsfindung erfolgreich ist. Die Partizipations- und Steuerungsansprüche der MA steigen, sodass fast keine asymmetrischen Führungsbeziehungen mehr möglich sind (vgl. Gebhardt et al. 2015, S. 19).

Beziehungsförderliches Verhalten von FK gegenüber ihren MA wird in der digitalen Arbeitswelt immer wichtiger. Dieser Aspekt wurde am zweithäufigsten als neue Herausforderung für Führung im Rahmen der Digitalisierung im Projekt „Digital Work Design" genannt. Daher ist es Aufgabe der FK, mehr in Vertrauens- und Loyalitätsaufbau in ihren Teams zu investieren, um eine bessere und vertrauenswürdigere Beziehung zu ihren MA aufzubauen. Aufgrund der gestiegenen Mobilität von MA in der digitalen Arbeitswelt müssen sich FK verstärkt an den MA orientieren und sich um deren persönliche Bedürfnisse kümmern (vgl. Schwarzmüller et al. 2017, S. 5). Die MA der neuen Generation sind anspruchsvoller, selbstbewusster und veränderungsbereiter als frühere Generationen. FK müssen daher zum einen den MA Herausforderungen geben und zum anderen Leitlinien bestimmen. Außerdem müssen sie Entwicklungen zulassen bzw. fördern, statt zu bremsen oder einzuengen und die MA beraten, statt nur vorzuschreiben. Dazu benötigen die Vorgesetzten eine hohe Souveränität (vgl. Lehky 2011, S. 213).

Von den befragten Experten der Umfrage an der TU in München wird die Neudefinition von Führung als Coaching und Enabling betont. FK unterstützen ihre MA und zeigen sich als Verantwortliche für die fachliche Entwicklung ihres Teams. Sie sorgen dafür, dass den MA alle Ressourcen zur Verfügung gestellt werden, die sie brauchen, um erfolgreich arbeiten zu können (vgl. Schwarzmüller et al. 2017, S. 6). Unabhängig von der Branche werden FK in Zukunft immer mehr in der Rolle des Beraters und Mentors gefragt sein. Ein Mentor, der die Richtung und die Ziele festlegt, der den Weg ebnet und bei Schwierigkeiten unterstützt. Besonders bei hoch qualifizierten Teams steigt die Nachfrage nach einer FK als Coach. FK müssen dafür die Fähigkeiten besitzen, individuelle Stärken anzuerkennen und Schwächen mit einer gewissen Vorsicht, aber dennoch Wirksamkeit, aufholen helfen zu können. Autorität erhalten die FK nicht mehr über die Position im Organigramm. Sie entwickelt sich vielmehr aus freiwilligem, gegenseitigem Respekt und durch den Umgang mit den MA (vgl. Lehky 2011, S. 132). Es geht nicht mehr darum, als FK den MA fertige Lösungen vorzugeben, sondern darum, die MA dabei zu unterstützen, Aufgaben und Probleme selbstständig zu bewältigen. Herausforderung für die FK ist es, ein Bewusstsein im Team für Aufgaben und Probleme sowie für erforderliche Verhaltens- und Vorgehensweisen zu schaffen. Dafür müssen sie Selbstvertrauen im Team aufbauen bzw. stärken und die MA zur Eigenständigkeit motivieren (vgl. Creusen et al. 2017, S. 179).

Im digitalen Zeitalter haben mehr Menschen Zugang zu mehr Wissen. Dadurch verändern sich die Machtverhältnisse. Wo sich früher Hierarchiestrukturen abbildeten, finden sich heute Netzwerke wieder. In den Netzwerken müssen FK Informationen sammeln, bewerten, Beziehungen aufbauen und pflegen und Schnittstellen ausrichten. Die Aufgabe der FK ist es, die Netzwerke noch effektiver zu gestalten, indem sie klare Ziele setzen und regelmäßiges Feedback geben. Außerdem unterstützen sie Kommunikation und Dialog im Netzwerk, helfen den MA dabei, Initiative zu ergreifen und Innovationen zu entwickeln. Eine große Herausforderung für FK in der digitalen Arbeitswelt ist das Beziehungsmanagement im Team, welches auf Vertrauen aufbaut (vgl. Remdisch 2016, S. 10). Eigenes Networking sowie die Vernetzung von MA gehören zu den neuen wichtigsten Aufgaben von FK. Gute Kontakte sind erforderlich, wenn es darum geht, die MA in ihren Kompetenzen zu fördern. Im digitalen Zeitalter gestaltet sich die Zusammenarbeit im Team immer mehr über Abteilungs- und Ländergrenzen hinweg. Daher ist es wichtig, dass FK in Zukunft mehr in Teambuilding investieren und die Zusammenarbeit zwischen den MA, unabhängig vom Arbeitsort, fördern (vgl. Schwarzmüller et al. 2017, S. 6). Da die MA eines Teams oft auf der ganzen Welt verteilt sind, wird virtuelles Arbeiten immer bedeutsamer. Dadurch verschwimmen Grenzen von Projekten und Organisationen fast gänzlich. Die FK müssen für eine starke Unternehmenskultur und gemeinsame Visionen sorgen, um zu verhindern, dass sich die MA nicht mehr mit ihrem Unternehmen identifizieren können. In der Vorbildfunktion müssen sie Werte und Prinzipien vorleben und den MA nahe bringen. „Engaging People" wird in diesem Zusammenhang zu einer der wichtigsten Qualifikationen von FK im digitalen Zeitalter (vgl. Remdisch 2016, S. 10).

Mit der Digitalisierung ändert sich auch die Kommunikation in den Unternehmen. Zum einen steigern digitale Medien die Geschwindigkeit der Kommunikation, und zum anderen wandelt sich dadurch auch die Art der Kommunikation. Kürzere und spontanere Kommunikation erfolgt über das Firmenintranet oder andere digitale Kanäle. Mündliche oder schriftliche Mitteilungen können in Echtzeit kommentiert, korrigiert oder widerrufen werden. Die Kommunikation zwischen FK und MA gestaltet sich dadurch lebendiger und offener. Die neuen Kommunikationsformen tragen dazu bei, dass Hierarchien abgebaut werden (vgl. Ayberk et al. 2017, S. 86).

Mit der Digitalisierung steigen auch die Kompetenzanforderungen an FK in den verschiedensten Dimensionen. Durch die zunehmende räumliche Flexibilität der MA wird Führung auf Distanz immer wichtiger (vgl. Schwarzmüller et al. 2017, S. 6). Diese Art der Zusammenarbeit wird als virtuelles Team bezeichnet. Herausforderungen für die FK dabei sind u.a. der hohe Organisationsaufwand, die Integration der einzelnen MA, die Leistungsbewertung und die Kontrolle (vgl. Lorenz und Enke 2016, S. 29). Aber auch das richtige Zeitzonenmanagement oder die Auswahl eines geeigneten Kanals, über welchen schwierige Themen an alle Teammitglieder kommuniziert werden sollen, stellen schwierige Aufgaben für FK dar (vgl. Schwarzmüller et al. 2017, S. 6). Genaueres zur Führung auf Distanz wird im Gliederungspunkt 4.3.1 erläutert.

FK sind für das Veränderungsmanagement in der Firma verantwortlich. Dabei ist es wichtig, mit gesteigertem Tempo Innovationsprojekte anzustoßen und dabei die MA zu ermutigen, kreativ zu sein und neue Wege einzuschlagen. Da durch die Digitalisierung die Halbwertszeit von Wissen rapide sinkt, müssen FK und auch die MA ihr Wissen regelmäßig erneuern. Dabei spielen digitales und mobiles Lernen eine große Rolle. FK müssen dafür sorgen, dass ein leichter Wissenszugang in ihrem Team gewährleistet ist (vgl. Remdisch 2016, S. 13).

Mit der Ausweitung der Teams über Ländergrenzen hinweg steigt die Diversität in den Teams. In solchen Teams haben die Mitglieder oft verschiedene Ansichten und Herangehensweisen, was teilweise großes Konfliktpotenzial birgt. Diversität kann aber auch positive Effekte, wie z.B. bessere Leistung und Innovation, mit sich bringen. Die Herausforderung für die FK ist hierbei, das aktive und richtige Management, um die Vorteile, die sich aus diesen Teams ergeben, zu erreichen. Gestiegene interkulturelle und sprachliche Kompetenzen gehören auch zu den neuen Herausforderungen (vgl. Schwarzmüller et al. 2017, S. 6). Auf die veränderten Kompetenzanforderungen an FK im digitalen Zeitalter wird im Kapitel 4.5 näher eingegangen.

Eine weitere Herausforderung für FK ist die ergebnisorientierte Leistungsbeurteilung. Während sich früher die Leistungsbewertung an der Anwesenheit des MA am Arbeitsplatz orientieren konnte, ist dies heutzutage durch die räumlich und zeitlich flexible Arbeitsgestaltung nicht mehr möglich. Dadurch, dass immer mehr digitale Tools den Arbeitsalltag bestimmen, wird die Arbeitsleistung der MA auch zunehmend transparenter. Zur Leistungsbeurteilung müssen im Zeitalter der Digitalisierung andere Leistungskriterien als bisher herangezogen werden. Der Fokus liegt nicht mehr darauf, wie viel Zeit und Ressourcen investiert wurden, sondern welches Ergebnis bei dem Ressourceneinsatz herauskommt (vgl. Schwarzmüller et al. 2017, S. 7). Durch die Digitalisierung wandelt sich auch das Verständnis von Performance Management. Performance Management wird breiter definiert als früher. Der Begriff wird nach Remdisch (2016) in drei Dimensionen gegliedert: Human Performance Management, also die Interaktion zwischen Führung und Unternehmenskultur, Personal Performance Management, was das individuelle Leistungspotenzial beschreibt und zuletzt Organizational Performance Management, alles rund um das Thema Zahlen und Prozessoptimierung. Bei allen drei Bereichen wird in der digitalen Arbeitswelt zur Performance-Messung auf Big Data zurückgegriffen (vgl. Remdisch 2016, S.16 f.).

Im Zusammenhang mit Big Data ist auch der Datenschutz als wichtige Aufgabe für FK zu nennen. Durch die Digitalisierung werden immer mehr personenbezogene Daten generiert. FK müssen festlegen, welche Daten transparent gemacht werden und wo die Grenzen sind. Durch den Anstieg der Menge an Daten wird das Thema Datenschutz und Umgang mit personenbezogenen Daten immer wichtiger für FK und MA (vgl. Ayberk et al. 2017, S. 74).

Mit der flexiblen Arbeitsgestaltung entwickeln sich gleichzeitig einige Stressfaktoren für die MA. In einer Umfrage der Technikerkrankenkasse (2013) kam heraus, dass sich sechs von zehn MA am Arbeitsplatz gestresst fühlen und dass dies durch Faktoren, die sich durch die Digitalisierung ergeben, verstärkt wird. Es wurden u.a. die ständige Erreichbarkeit und die Informationsflut als Gründe genannt (vgl.

Schwarzmüller et al. 2017, S. 7). Häufig kommt es dadurch zu einer Überbelastung der MA, was schwerwiegende Folgen für die Gesundheit haben kann. Die Aufgabe für die FK besteht darin, für eine gesunde Arbeitsumgebung zu sorgen, da sie für die MA eine gewisse Verantwortung tragen (vgl. Remdisch 2016, S. 12). Dazu gehört es u.a., innerhalb der flexiblen Arbeitsmodelle, auch Grenzen zu kommunizieren und vorzuleben, z.b. indem FK ihre MA nach Feierabend oder am Wochenende nicht mehr mobil kontaktieren. FK sollen ihren MA eine Work-Life-Balance ermöglichen und dafür sorgen, dass sie ausgeglichen sind. Das Unternehmen Netflix bietet seinen MA unbegrenzte (unbezahlte) Urlaubstage an, damit diese sich gut erholen können (vgl. Schwarzmüller et al. 2017, S. 8). Eine Arbeitsumgebung, die frei ist von physischer und psychischer Belastung, soll geschaffen werden. FK müssen zunächst ihre eigene Belastung steuern, um sicherzustellen, dass auch die MA entsprechend darauf achten (vgl. Ayberk et al. 2017, S. 94). *„Erfolgreiche Führungskräfte sind ein Gesundheitsvorbild und leiten ihre MA zu gesundem Arbeitsverhalten an."* (Remdisch 2016, S. 12)

Interaktion zwischen FK und MA findet zunehmend über Messaging-Dienste und Chats statt, v.a. dann, wenn das Team international verteilt oder eine schnelle Reaktion erforderlich ist. Digitale Tools, wie z.B. Assistenzsysteme oder Führungsinformationssysteme, unterstützen FK bei der Talententwicklung und –beurteilung, bei der Entscheidungsfindung und beim Sammeln und Auswerten von großen Datenmengen (vgl. Schwarzmüller et al. 2017, S. 8). Durch die fortschreitende Technologisierung wird die Computernutzung entindividualisiert. Mit Cloud Computing, mobilen Applikationen und Maschine-zu-Maschine Kommunikation wird jeder Einzelne Teil einer Community. Daten und Geräte werden miteinander verbunden. Durch das Cloud Computing lösen sich Begriffe wie „mein" und „dein" nach und nach auf, denn in der Cloud wird Wissen abgelegt und mit allen, unabhängig vom Arbeitsort, geteilt. Dadurch entwickelt sich aus Kommunikation Kooperation und aus Kooperation Kollaboration. Laut Remdisch (2016) ist die Aufgabe für FK hierbei, eine transparente Unternehmenskultur zu schaffen, denn nur mit einer transparenten Unternehmenskultur könne diese Art der Zusammenarbeit funktionieren (vgl. Remdisch 2016, S. 11).

Mit der Digitalisierung nimmt der Wettbewerb am Markt zu. Die Verschärfung des Wettbewerbs geht einher mit der Beschleunigung des Arbeitsalltages von FK. Um eine kontinuierliche Transformation sicherzustellen, müssen Entscheidungen im digitalen Zeitalter schneller getroffen werden. Dadurch steigt auch der Druck auf FK (vgl. Schwarzmüller et al. 2017, S. 8). Der gestiegene Wettbewerbsdruck resultiert laut der aktuellen Ausgabe des Manager-Barometers der Personalberatung Odgers Berndtson aus der internationalen Transparenz von Produkten und Services und aus der Preisbildung. Durch die Standortunabhängigkeit können viele Produkte in anderen Regionen günstiger angeboten werden.

FK stehen außerdem vor der Herausforderung des „War for Talents" im internationalen Wettbewerb. Das aktive Sourcing von hoch qualifizierten MA hat mit der Digitalisierung zugenommen und somit wird es immer schwieriger, diese für sein Unternehmen zu gewinnen (vgl. Haufe Online Redaktion 2017d).

Neben dem Wettbewerbsdruck stellt für viele FK auch die „ständige" Erreichbarkeit eine Belastung dar. FK sind im digitalen Zeitalter immer länger und teilweise auch außerhalb der Arbeit erreichbar. Kunden oder Partner erwarten oft dauerhafte Erreichbarkeit. Dies erhöht zusätzlich den Druck auf FK und löst oft Stress aus (vgl. Schwarzmüller et al. 2017, S. 9).

Märkte ändern sich, es entstehen neue Produkte sowie Arten der Zusammenarbeit und das alles in einem rapiden Tempo. Das erfordert ständig neue Kompetenzen und somit die kontinuierliche Weiterbildung der MA (vgl. Groll 2016). *„Die Digitalisierung macht ständige Weiterbildungen nötig, aber auch möglich"*, äußert die Bildungsexpertin Britta Kroker in einem Interview mit Tina Groll von der Zeit online (Groll 2016). FK sind dafür verantwortlich, ihre MA immer weiter zu qualifizieren, damit diese mit den Veränderungen durch die digitale Transformation mithalten können. Das bezieht sich u.a. auf die Vermittlung von IT-Kompetenzen aber auch auf den Ausbau des Selbstmanagements (vgl. Schwarzmüller et al. 2017, S. 9). Der Bedarf an Weiterbildungen muss von den FK frühzeitig analysiert, geplant und umgesetzt werden. Durch die kontinuierlichen Veränderungen kann jedoch teilweise nicht vorhergesehen werden, welche Kompetenzen notwendig sein werden. Betriebliche Weiterbildung ist oft auch eine Frage des Budgets, denn Präsenzschulungen sind teuer. Um den Bedarf an Weiterbildung zu decken, werden im digitalen Zeitalter immer häufiger kostengünstigere Online-Schulungen zur Qualifizierung der MA eingesetzt. Damit beschränken sich Schulungen nicht mehr länger überwiegend nur auf die Führungsebene (vgl. Schwarzmüller et al. 2017, S. 9).

Unabhängig von den Veränderungen, die in der obigen Abbildung dargestellt sind, ist es nach wie vor Aufgabe von FK, eine Strategie zu entwickeln, zu beurteilen und zu hinterfragen. Im digitalen Zeitalter werden die Strategien nicht mehr alleine von den höchsten Ebenen entwickelt und die Gültigkeitsdauer von Strategien verringert sich. Strategische Ziele sind variabler als früher und die Wege der Zielerreichung werden vorweg seltener klar definiert (vgl. Ayberk et al. 2017, S. 64).

Zum Abschluss dieses Kapitels soll in einer Grafik ein Überblick über die häufigsten Stolpersteine für FK bei der Umsetzung der oben genannten Herausforderungen verschafft werden.

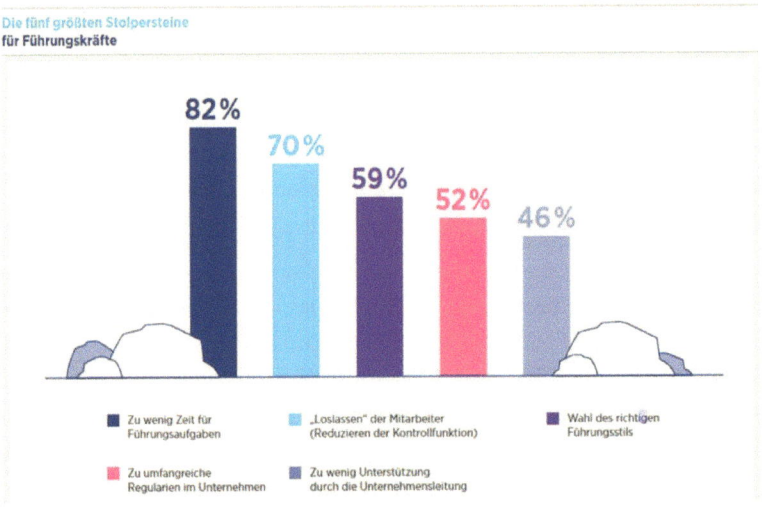

Abbildung 5: Die fünf größten Stolpersteine für Führungskräfte
(Eilers et al. 2017, S. 25)

4.2.2 Führung in der sogenannten VUCA-Welt

Der revolutionäre Wandel der Umwelt im 21. Jahrhundert findet nicht nur in der Wirtschaft statt. Auch im politischen und militärischen Bereich sind Veränderungen nicht zu übersehen. Der Begriff „VUCA" stammt ursprünglich aus dem militärischen Bereich. Er wurde zuerst auf dem US-amerikanischen Army War College, der Hochschule für zukünftige Generale, geprägt (vgl. Euchner und Johansen 2013).

Mit dem Begriff „VUCA" beschreibt man eine Umwelt, die sich durch Unstabilität und Chaos kennzeichnet. Das Wort „VUCA" ist ein Akronym für die englischen Begriffe Volatility, Uncertainty, Complexity und Ambiguity (vgl. Mack et al. 2016, S. 5).

Thomas Friedman, ein Kolumnist der New York Times, führte den Begriff in den Wirtschaftskontext ein. Er untersuchte technologisch fortschrittliche Unternehmen und stellte folgendes fest:

„Those companies who fail, did so because they were dominated by the technological opportunities that were available. Those who are successful such as Apple, Google, 3 M and Amazon, seem to be able to adapt and were able to implement technology in a high speed." (Nandram und Bindlish 2017, S. 3)

Der Begriff „VUCA" wurde von Bob Johansen entwickelt. Nach ihm beinhaltet der Begriff Fähigkeiten und Fertigkeiten, die zur Erarbeitung von Plänen für die Entwicklung von Führung genutzt werden können (vgl. Nandram und Bindlish 2017, S.3 f.) Nach Mack, Krämer et al. (2016) beschreibt VUCA die neue Situation wie folgt:

„A world order where the threats are both diffuse and uncertain, where conflict is inherent yet unpredictable, and where our capability to defend and promote our national interests may be restricted by materiel and personnel resource constraints. In short, an environment marked by volatility, uncertainty, complexity, and ambiguity (VUCA)." (Mack et al. 2016, S. 5)

Zunächst soll die Bedeutung der einzelnen Begriffe erläutert werden.

- Volatility (Volatilität, Flüchtigkeit): Unsere Welt wird instabiler und verändert sich ständig. Diese Veränderungen, egal ob von geringer oder gravierender Bedeutung, werden unvorhersehbarer und schneller (vgl. Gläser). Mack beschreibt Volatility theoretischer: *„Volatility can be defined as a statistical measure, describing the Perspectives on a VUCA World amount of uncertainty about the size of changes."* (Mack et al. 2016, S. 5 f.) Als praktische Beispiele nennt er hierfür z.B. gestiegene Preisschwankungen am Rohmaterialmarkt oder Aktienmarkt. Die hohe Volatilität zeigt sich hier in Wertschwankungen. Dies wiederum ist ein Indikator für die gestiegene Geschwindigkeit der Veränderungen in der Umwelt (vgl. Mack et al. 2016, S. 6).

- Uncertainty (Ungewissheit, Unsicherheit): Ereignisse in der Zukunft lassen sich schwierig vorhersehen oder berechnen. Sich auf Erfahrungen aus der Vergangenheit zu stützen, um Investitionen oder Entwicklungen zu planen, ergibt in Zukunft nur noch wenig Sinn (vgl. Gläser). Es wird immer schwieriger, Zukunftsprognosen zu erstellen (vgl. Gläser). *„Uncertainty can* *be also described as a lack of clarity to evaluate a situation properly to identify challenges and opportunities."* (Mack et al. 2016, S. 6)

- Complexity (Komplexität): Diese nimmt in unserer Welt stetig zu. Daraus folgt, dass Probleme und deren Auswirkungen immer vielschichtiger werden und dadurch schwerer zu verstehen sind. Bestehende Zusammenhänge sind nicht mehr auf den ersten Blick ersichtlich, was dazu führt, dass Entscheidungen getroffen werden, die sich bald als unzulänglich erweisen und nicht oder nur schwer korrigierbar sind. (vgl. Gläser). *„Complexity can be defined as a situation, where interconnectedness of parts and variables is so high, that the same external conditions and inputs can lead to very different outputs or reactions of the system."* (Mack et al. 2016, S. 6)

- Ambiguity (Mehrdeutigkeit): Gemeint ist damit, dass im digitalen Zeitalter die Planbarkeit und die Klarheit von kausalen Zusammenhängen abnehmen (vgl. Vogel 2016). *„Ambiguity is characterized by the fact that causal relationships are completely unclear and the meaning or interpretation of a situation cannot be definitely resolved according to a rule or process consisting of a finite number of steps."* (Mack et al. 2016, S. 6)

Die digitale Arbeitswelt kann in diesen Worten zusammengefasst werden: volatil, unsicher, komplex und mehrdeutig (vgl. Remdisch 2017). Als FK wird es immer wichtiger, sich und das Unternehmen anders auszurichten und einen eigenen Weg zu finden. Es spielt eine große Rolle, sich mehr mit den Menschen und deren Bedürfnissen zu beschäftigen und empathisches Verhalten zu entwickeln (vgl. Gläser). *„Wir leben und arbeiten heute in einer Vuca Welt. Diese Begriffe und Beschreibungen sind mittlerweile alles andere als neu und überraschend."* (Ciesielski und Schutz 2016, S. 4) Beim Versuch, die neuen Anforderungen an Führung umzusetzen, konnte man in der Praxis häufig beobachten, dass FK versuchten, mehr und besser zu planen. Meistens war es aber ein „Mehr" vom Alten. Viele Organisationen merkten mit der Zeit, dass es nicht mehr ausreicht, die bisherigen Bemühungen nur zu erhöhen. Die wirkliche Herausforderung in einer VUCA-Welt ist, sie zu akzeptieren und ihr zu folgen. Damit ist gemeint, dass man als Organisation mit Schwankungen umgehen kann, Unsicherheit und Unberechenbarkeit annimmt und versucht, diese nicht als Risiken zu sehen (vgl. Ciesielski und Schutz 2016, S. 5).

Oft fällt es FK schwer, mit Komplexitäten in der VUCA Welt umzugehen. Glöger und Rösner (2014) haben hierzu die Strategien zusammengefasst, wie Unternehmen bisher mit Komplexität umgingen:

- Strategie 1: „Komplexität wird nicht als Realität wahrgenommen und daher simplifiziert [...]"
- Strategie 2: „Es wird versucht, mehr vom Gleichen zu installieren [...]"
- Strategie 3: „Man versucht, Komplexität durch Vereinfachung und Reduzierung in den Griff zu bekommen. [...]" (Gloger und Rösner 2014, S. 82)

Dabei meinen die Autoren, dass diese Ansätze generell nicht schlecht, jedoch heutzutage zur Führung von Unternehmen nicht mehr ausreichend seien (vgl. Gloger und Rösner 2014, S. 83).

In der VUCA Umwelt sind drei Aspekte zu nennen, auf denen laut Mack und Jungen (2016) der Fokus liegt:

1. Firmen wandeln sich zunehmend von stabilen, vertikalen hierarchischen Strukturen hin zu ungewissen, dynamischen Organisationsformen. Daraus ergeben sich Netzwerk-Strukturen, die sich nicht mehr aus traditionellen Hierarchien heraus bilden, sondern aus unabhängigen, eng miteinander verbundenen Organisationen.

2. Außerdem wird es immer wichtiger, die MA zu integrieren, da diese als wichtige Akteure und aktive Prozess-Vorantreiber eine immer größere Rolle spielen. Mit bestimmten Faktoren wie z.B. Engagement oder Kooperation können sie positiv zur organisationalen Produktivität beitragen. Je mehr sich die Strukturen in einer Organisation zu einem Netzwerk entwickeln, desto schwieriger wird es, Komplexität, z.B. beim Treffen von klaren Entscheidungen, zu reduzieren.

3. Zuletzt liegt der Fokus auf der kontinuierlichen Anpassung und Erneuerung von Prozessen und Strukturen in Organisationen. In der Praxis wird dies in der Form von kontinuierlichen „Change activities" realisiert (vgl. Mack et al. 2016, S. 42).

Bei der Bewältigung von Komplexitäten ist es in der VUCA Welt entscheidend, dass FK nicht versuchen, das Chaos zu analysieren bzw. aufzuräumen, sondern lernen, einen angemessenen Umgang damit zu finden und eine neue Einstellung Unsicherheiten gegenüber zu entwickeln. Es wird immer bedeutsamer für FK und MA, Mehrdeutigkeiten und Unsicherheiten aushalten zu können und Lösungen zu entwickeln, mit welchen Handlungsweisen am besten auf Komplexitäten zu reagieren ist. Umgesetzt wird dies bisher nur in wenigen Fällen (vgl. Ciesielski und Schutz 2016, S. 5).

4.2.3 Ambidextrie: Die Beidhändigkeit von Führung

Die Herausforderung für FK im digitalen Zeitalter ist es, das Gleichgewicht zwischen der erfolgreichen Ausnutzung von bestehenden Geschäftsfeldern und dem Aufbau von neuen, möglichst profitablen Geschäftsfeldern zu finden. Unternehmen scheiterten in der Vergangenheit oft daran, sich radikalen technologischen Veränderungen zu öffnen, weil sie zu sehr auf die Optimierung der bestehenden Geschäftsfelder und auf die Erfüllung der Kundenwünsche fixiert waren. Generell kann man festhalten, dass es erfolgsschädigend für Unternehmen sein kann, wenn sie sich entweder zu sehr auf den vorhandenen Kompetenzen ausruhen (= Exploitation) und dadurch Entwicklungen verpassen, oder ständig in neue Geschäftsfelder vordringen (= Exploration) und dadurch die alten, bestehenden Geschäftsfelder vernachlässigen. Nach Hobus und Busch (2011) ist die Alternative für Unternehmen, um erfolgreich zu sein, die Kombination der beiden Aspekte (vgl. Hobus und Busch 2011, S. 189).

Um im digitalen Zeitalter wettbewerbsfähig zu bleiben, muss sich Führung, wie bereits beschrieben, grundsätzlich ändern. Allerdings sollen nicht alle Ansätze über Bord geworfen werden. Es existieren nach wie vor Bereiche, in denen man als FK mit traditionellen Methoden weiter kommt. Eine erfolgreiche FK kombiniert also bewährte, auf Effizienz und Exzellenz ausgerichtete Führungsansätze (linke Hand) mit solchen, die auf Geschwindigkeit und Innovation ausgerichtet sind (rechte Hand). Diese Kombination wird in der Wissenschaft als „Ambidextrie" bzw. „Beidhändigkeit" definiert (vgl. Petry 2016, S. 45). Es geht also darum, Ressourcenexploitation und -exploration, an die Situation angepasst, auszubalancieren (vgl. Stephan und Kerber 2010, S. 3). Exploitation wird mit einer *„effizienzorientierten und somit routinierten Ressourcenverwertung assoziiert, während unter dem Begriff der Exploration jegliche Aspekte subsumiert werden, in denen sich eine gewisse Veränderungsfähigkeit widerspiegelt, die zur Erneuerung von Ressourcen unumgänglich erscheint."* (Stephan und Kerber 2010, S. 7)

Unternehmen müssen ihre Angebote optimal im Markt platzieren und dabei effizient handeln, während sie gleichzeitig adaptiv genug sind, neue Wege zu entdecken und auf Veränderungen am Markt zu reagieren, um ihre Zukunft zu sichern (vgl. Creusen et al. 2017, S. 136). Die Steuerbarkeit zu wahren, ist für FK im digitalen Zeitalter sehr wichtig, da alles offener und freier gestaltet wird: offene Kultur, direkte Kommunikation, gestiegene Partizipation der MA, freier Informationszugang, höhere Transparenz und mehr Selbstverantwortung. Digital Leadership erfordert also den Spagat zwischen Offenheit und Führung. Es sind aber nicht alle

Themen geeignet, um sie offen und transparent zu behandeln, und nicht immer ist Partizipation sinnvoll. Innerhalb eines Unternehmens gibt es daher auch Bereiche, die verschiedene Führungsansätze verlangen (vgl. Petry 2016, S. 48).

Dies verdeutlicht Bosch (2013) in seinem Schaubild „Beherrschung des Schiebereglers" (vgl. Petry 2016, S. 48).

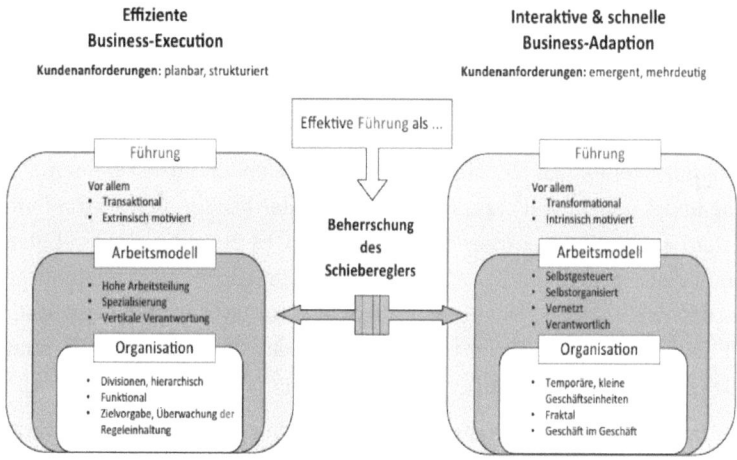

Abbildung 6: Die Beidhändigkeit der Führung der Robert Bosch GmbH (Petry 2016, S. 49)

Damit möchte er aufzeigen, dass es sowohl Bereiche gibt, die sich - wie früher - auf Effizienz und Exzellenz konzentrieren (linke Seite der Abbildung), als auch Bereiche, in denen Innovation und Agilität entscheidend sind (rechte Seite der Abbildung). In der Mitte der beiden Bereiche befindet sich der Schieberegler. Aufgabe einer erfolgreichen FK ist es, diesen situationsadäquat einzusetzen. Eine FK im digitalen Zeitalter muss also beidhändig, mit links (Effizienz, Exzellenz) und mit rechts (Innovation, Agilität) führen können, und zusätzlich wissen, welche Hand wann am besten einzusetzen ist. Es existieren allerdings auch Parallelstrukturen: Während in manchen Geschäftsbereichen langsames, sorgfältiges Vorgehen erforderlich ist, ist in anderen Bereichen Innovation, Geschwindigkeit und Agilität gefragt. Manche Unternehmen lagern z.B. alle digitalen Aktivitäten in eigenständige Einheiten, die vom Rest des Unternehmens getrennt sind, aus (vgl. Petry 2016, S. 49 f.).

Nach O'Reilly und Tushmann (2008) kann man drei Arten der Ambidextrie unterscheiden:

- Sequenziell: Hier findet ein Wechsel zwischen kreativen und effizienten Phasen statt, was in großen Unternehmen allerdings nicht mehr zielführend ist, da diese Methode in der heutigen Zeit zu langsam ist.
- Strukturell: Hier findet sowohl die Exploration als auch die Exploitation statt. Realisiert wird diese Art der Ambidextrie in getrennten Geschäftsbereichen.
- Kontextuell: Ein Geschäftsbereich entwickelt Innovationen und konzentriert sich gleichzeitig auch auf die Steigerung der Effizienz. Dabei entscheiden die MA, wann der Fokus auf welchem Bereich liegt (vgl. Creusen et al. 2017, S. 136 zitiert nach O'Reilly und Tushman).

Viele Entscheidungen basieren auf zwei Aspekten, die man vereinen muss. Führung findet im Moment statt, muss sich aber gleichzeitig auch auf zukünftige Herausforderungen konzentrieren. Ambidextrie wird bei strategischen Entscheidungen in der Hinsicht deutlich, dass, neben Kosten und Profit, auch Innovation und Wachstum eine Rolle spielen. Mehr denn je zuvor braucht eine Organisation nicht nur Effektivität und Effizienz, sondern v.a. auch Flexibilität und Veränderungsmöglichkeiten (vgl. Creusen et al. 2017, S. 136).

Wer im Zeitalter der Digitalisierung als FK erfolgreich sein will, muss die Fähigkeit besitzen, „mit beiden Händen" führen zu können und die richtige Hand in einer bestimmten Situation anwenden können (Beidhändigkeit). Während früher der Fokus mehr auf den Ansätzen der Effizienz und Exzellenz (linke Hand) lag, werden in der heutigen VUCA-Welt immer öfter Geschwindigkeit, Innovation und Agilität (rechte Hand) erfolgreich eingesetzt (vgl. Petry 2016, S. 49).

4.2.4 Digitale Transformation des Unternehmens

> „Adapt or die - wenn sich Technologie und Gesellschaft schneller verändern, als Unternehmen in der Lage sind, sich darauf einzustellen, kommt es zum Aussterben."
> (Azhari et al. 2014, S. 10)

So radikal beschreibt Karl H. Land, Geschäftsführer der Neuland GmbH & Co. KG, die Gesetze des Marktes. Immer mehr Unternehmen verpassen den rapiden technologischen Wandel und die damit einhergehenden Veränderungen im Kundenverhalten. Die Folge daraus: Sie sind Verlierer am Markt (vgl. Azhari et al. 2014, S. 10).

Bereits heute, aber v.a. in der nahen Zukunft, wird die Art der Wertschöpfung von Grund auf durch neuartige Geschäftsmodelle verändert werden. Dadurch entstehen Wachstumschancen, aber auch Herausforderungen für Unternehmen. Ein nachhaltiger Wandel kann nur stattfinden, wenn die grundlegende Bereitschaft zur Veränderung des eigenen Verhaltens und der Organisation gegeben ist. Erst dann ist sichergestellt, dass sich Unternehmensstrategien an den Wandel adaptieren lassen. Bereits in der „klassischen" Welt galt der Grundsatz, dass Unternehmen ihre Geschäftsmodelle und -prozesse an den verändernden Markt anpassen müssen, um wettbewerbsfähig zu bleiben. Für Unternehmen liegt also die Herausforderung darin, eine digitale Transformation zu schaffen, die im Sinne einer klassischen Business-Transformation Geschäftsmodelle komplett neu ausrichtet. Diese Transformation beschreibt eine der größten wirtschaftlichen Umgestaltungen seit der industriellen Revolution (vgl. Köhler-Schute 2016, S.17 f.). Nach Sven Ruoss (2015) lässt sich die digitale Transformation wie folgt definieren:

> „Unter der digitalen Transformation wird die Reise ins digitale Zeitalter verstanden. Dabei ist digitale Transformation das höchste Level des digitalen Wissens und baut auf der digitalen Kompetenz und der digitalen Nutzung auf. Digitale Transformation setzt digitale Informations- und Kommunikationstechnologien ein, um die Performance von Unternehmen und Organisationen zu erhöhen. Es geht bei der digitalen Transformation um Transformierung und Weiterentwicklung der Unternehmensprozesse, des Kundenerlebnisses und der Geschäftsmodelle." (vgl. Ruoss 2015; Thiessen und Hauke 2016)

Da es bis vor einigen Jahren nur wenige Studien darüber gab, wie nicht-technologiebasierte Unternehmen mit den Herausforderungen der Digitalisierung umgehen, haben das MIT Center for Digital Business und Capgemini Consulting im Jahr 2011 mit einer Befragung von mehr als 400 Großunternehmen zu Digitalisierungsansätzen und -ergebnissen begonnen. Die Ergebnisse der Studie zeigen, dass die Digitalisierung bereits jeden Sektor beeinflusst, allerdings in unterschiedlichem Maße. Während z.B. die Tourismusbranche oder der Einzelhandel mit der digitalen Transformation relativ weit fortgeschritten sind, haben andere Branchen den digitalen Wandel erst noch vor sich. Deshalb identifiziert die Studie vier Kategorien digitaler Reife (Modell der digitalen Reife), die sich aus den Ausprägungen von digitalen Fähigkeiten und Transformationsfähigkeiten ergeben:

- Anfänger
- Trendsetter
- Konservative
- digitale Vorreiter (vgl. Petry 2016, S. 152).

Die digitalen Fähigkeiten beschreiben „*Investitionen in technologiegetriebene Initiativen zur Veränderung der Kundenansprache sowie der internen Abläufe.*" Transformationsfähigkeiten beinhalten „*die Vision für die zukünftige Gestaltung des Unternehmens, seine Governance, die technischen Führungsfertigkeiten und die Mitarbeitereinbindung.*" (vgl. Petry 2016, S. 153)

- Anfänger besitzen grundlegende digitale Fähigkeiten und sind noch nicht weit mit der digitalen Transformation fortgeschritten. Sie sehen noch keine Wertsteigerung in den neuen technologischen Entwicklungen, weshalb ihre Kultur noch sehr traditionell ausgerichtet ist und es kaum digitale Anstöße gibt. Beispiele für diese Kategorie sind teilweise Pharmaunternehmen oder Firmen aus der Konsumgüterbranche (vgl. Petry 2016, S. 153).

- Trendsetter versuchen alles im Unternehmen zu digitalisieren. Dabei sind sie stolz auf ihre Modernität. Es fehlt ihnen jedoch an einer allgemeinen digitalen Vision. Eine digitale Kultur wurde bereits in Teilbereichen etabliert, jedoch nicht als Ganzes im Unternehmen. Die scheinbar profitablen digitalen Investitionen entpuppen sich bei genauerer Betrachtung als nicht rentabel, da eine Abstimmung der Investitionen noch nicht erfolgt ist. Oft findet man Trendsetter in der Tourismus- oder Reisebranche (Petry 2016, S.153 f.).

- Die Konservativen stehen der Digitalisierung mit einer kritischen Haltung gegenüber. Obwohl sie digitale Führungskompetenzen besitzen, bauen sie diese aufgrund von vorsichtigem Verhalten nicht aus. Die Führung der Konservativen konzentriert sich mehr auf Kontrolle und Gewissheit als auf Fortschritt. Daher scheitern FK oft daran, dem Rest der Organisation die Potenziale zu vermitteln, die sich aus der digitalen Transformation ergeben würden. Dies ist z.B. oft bei Unternehmen im Versicherungssektor der Fall (vgl.Petry 2016, S.153 f.).

- Die digitalen Vorreiter haben sowohl ausgeprägte digitale Fähigkeiten als auch Transformationsfähigkeiten. Mit erfolgsversprechenden Investitionen schaffen sie einen erfolgreichen Weg in die digitale Zukunft. Ihr Geschäftsmodell zeichnet sich durch eine digitale Vision, herausragende Governance-Modelle und eine ganzheitlich digitale Unternehmenskultur aus. Mit innovativen Produkten und Dienstleistungen sichern sich die digitalen Vorreiter eine überlegene Wettbewerbsposition in ihrer Branche. Digitale Vorreiter sind oft Unternehmen der Spitzentechnologie. Aber auch Banken und

Einzelhandelsunternehmen sind teilweise in diese Kategorie einzuordnen (vgl. Petry 2016, S. 154).

In Bezug auf die Ausprägung der Transformationsfähigkeiten und der digitalen Fähigkeiten lassen sich die vier Gruppen wie in folgender Abbildung einordnen:

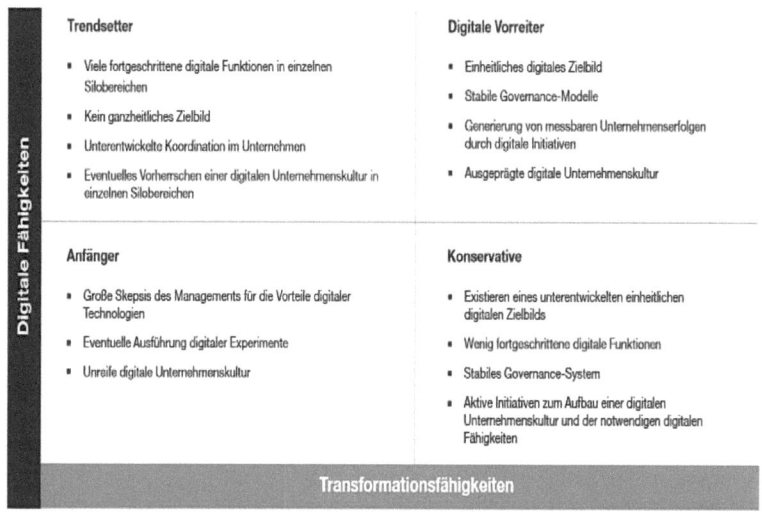

Abbildung 7: Vier Kategorien digitaler Reife
(Westermann et al. 2011, S. 60)

Die MIT-Capgemini Studie zeigt außerdem auf, warum die digitale Transformation von Unternehmen wichtig ist. Digitale Vorreiter sind laut der Studie gegenüber den anderen Wettbewerbern bezüglich Umsatzgenerierung, Profitabilität und Marktwert im Vorteil. Durch die Verbindung von hohen digitalen Fähigkeiten und Transformationsfähigkeiten erreicht man als Unternehmen eine Leistungssteigerung. Wenn ein Unternehmen über ausgeprägte digitale Fähigkeiten verfügt, kann es einfacher und risikofreier digitale Investitionen tätigen. Dadurch entsteht mehr Umsatz und daraus erhöhen sich wiederum die Cashflows. Durch hohe Transformationsfähigkeiten werden Synergien geschaffen. Dadurch können bessere Investitionen getätigt werden, während MA eingesetzt werden, die wiederum neue Chancen und Wege im digitalen Bereich erkennen und nutzen können. Beide Ausprägungen zusammen führen zu einem digitalen Vorteil (Petry 2016, S.154 f.).

Eine Studie von Roland Berger Strategy Consultants hat herausgefunden, dass Europa bis 2025 einen Zuwachs von 1,25 Bio. € an Bruttowertschöpfung erzielen könnte, sofern man die Möglichkeiten, die sich aus der digitalen Transformationen ergeben, effizient nutzt. Wenn Europa jedoch an der digitalen Transformation scheitert, kann es zu einem Wertschöpfungsverlust von 605 Mrd. € kommen (vgl. Björn Bloching et al. 2015, S. 3). Diese Ergebnisse beziehen sich auf die europäische Industrie. Dadurch wird deutlich, dass die digitale Transformation in allen Branchen große Auswirkungen hat.

Der Anteil an digitalen Vorreitern am Markt ist derzeit noch relativ gering. Durch eine gezielte digitale Transformation können Unternehmen diese Vorreiterrolle erreichen. Dies kann nicht von heute auf morgen geschehen. Es handelt sich um einen langen Prozess, der kontinuierliche Arbeit verlangt (vgl. Petry 2016, S. 155).

Nach Deloitte und Heads (2015) lässt sich die digitale Transformation anhand von vier Phasen beschreiben. In jeder einzelnen müssen sich die FK bestimmte Fragen stellen und daraus gezielt Maßnahmen ableiten (vgl. Heads! Executive Consultancy und Deloitte Digital GmbH 2015, S. 7). Die vier Phasen der digitalen Transformation werden in der folgenden Abbildung dargestellt.

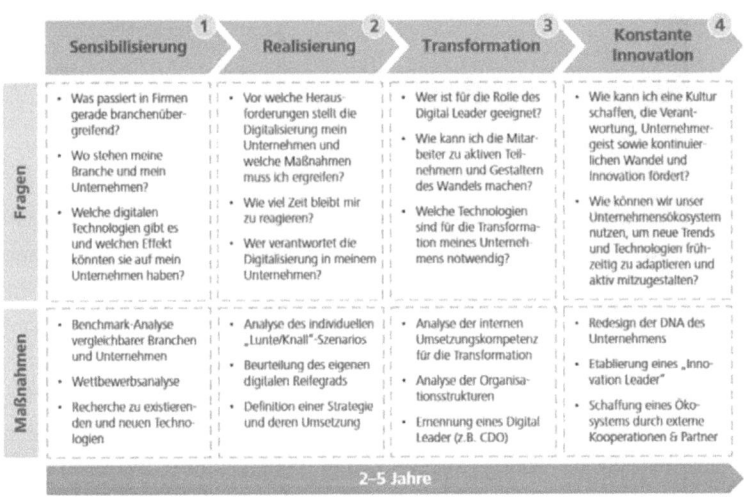

Abbildung 8: Die vier Phasen der digitalen Transformation
(Heads! Executive Consultancy und Deloitte Digital GmbH 2015, S. 7)

Damit eine erfolgreiche digitale Transformation stattfinden kann, müssen sich FK zunächst bewusst darüber sein, dass die Digitalisierung beträchtliche Veränderungen verursacht. Sie müssen sich klar machen, dass und v.a. welche Auswirkungen sie konkret auf das Geschäftsmodell haben wird. Aufgrund der immer kurzlebigeren Technologiezyklen bleibt Unternehmen heutzutage nur noch eine Zeitspanne von ca. zwei bis fünf Jahren für die Durchführung der Transformation. Andere Branchen, wie z.b. die Medienbranche oder der Einzelhandel, hatten teilweise fünf bis zehn Jahre Zeit, da dort der digitale Wandel früher begonnen hat. Die ersten drei Phasen der Transformation sichern das Überleben des Unternehmens. Die vierte und letzte Phase dient dazu, einen nachhaltigen Wert für das Unternehmen zu schaffen. Beim Vier-Phasen Modell von Deloitte (Heads! Executive Consultancy und Deloitte Digital GmbH 2015) ist jede Phase so aufgebaut, dass sich FK drei bestimmte Fragen stellen. Diese werden durch abgeleitete Maßnahmen gezielt beantwortet. Dabei spielen in allen vier Phasen die MA eine der wichtigsten Rollen und tragen wesentlich zum Erfolg der digitalen Transformation bei. Um die Veränderungen durchführen zu können, muss sich zunächst die Unternehmenskultur grundlegend ändern. Der Anstoß dazu kommt von ganz „oben" und wird vom digitalen Leader umgesetzt (vgl. Heads! Executive Consultancy und Deloitte Digital GmbH 2015, S. 6).

„Wir brauchen eine ganz neue Kultur" (Geramanis und Hermann 2016, S. 102), äußerte sich Axa-Konzernchef Henri de Castries im Februar 2015 in der Süddeutschen Zeitung. Auch er betont die Wichtigkeit der Unternehmenskultur im Rahmen der digitalen Transformation. Dabei nutzt de Castries die Öffentlichkeit, um die digitale Transformation in seinem Unternehmen zu beschleunigen. Für die Transformation seiner Firma startet er eine „Umdenk-Kampagne". Man müsse alle FK und MA wachrütteln, um die Erneuerung der Unternehmenskultur anzustoßen, meint er. Oft sei es ein Problem, dass externe Stakeholder bei Veränderungen der Geschäftsmodelle oder der Kultur nicht mitziehen. Aufgrund der Wettbewerber ist der Konzernchef von Axa angehalten den Wandel, so schnell wie möglich zu vollziehen. Vor dieser Herausforderung stehen derzeit unzählige FK in Unternehmen (vgl. Geramanis und Hermann 2016, S. 102).

Nach Thiessen und Hauke (2016) geht es bei der Gestaltung des digitalen Wandels weniger um definierbare Schritte, sondern vielmehr um die grundlegende Herangehensweise und Einstellung zum digitalen Transformationsprozess (vgl. Thiessen und Hauke 2016, S. 9). Unternehmensinterne Veränderungen wurden viele Jahre klassisch im Rahmen eines Projektes nach dem Prinzip Planung, Realisierung und Kontrolle durchgeführt (vgl. Steinmann et al. 2013, S. 435). Heutzutage ist es wichtiger, Wandel und Transformation als permanente Prozesse anzusehen. Diese bedürfen kontinuierlicher Bearbeitung (vgl. Steinmann et al. 2013, S.447 f.).

Dabei spielt das Change Management im Unternehmen eine wichtige Rolle. Durch das Change Management kann ein beabsichtigter Wandel umgesetzt werden (vgl. Nagel 2003, S.97 f.), um Veränderungen in Strukturen, Prozessen und Strategien zu erreichen (vgl. Thiessen und Hauke 2016, S. 10). In der Untersuchung von Thiessen und Hauke liegt der Fokus nicht auf aufeinanderfolgenden Schritten, sondern mehr auf der Persönlichkeit der FK selbst als Verantwortliche für die Veränderung.

Daher wird sich bei Thiessen und Hauke im Rahmen der digitalen Transformation auf das Konzept des Change Agents konzentriert. Dieser hat die Fähigkeit, mit seinen Kompetenzen, seiner Position und seinem Einfluss Handlung bzw. Veränderungen im Unternehmen voranzutreiben (vgl. Glazinski 2007, S. 151 f.). In der Praxis gibt die Unternehmensleitung die Transformation in Auftrag. Sie bestimmt Ziele und Strategien. Die FK der jeweiligen Bereiche greifen diese auf und kommunizieren sie (vgl. Stübinger und Fietz 2003, S. 71). Es wird zwischen internen und externen Change Agents unterschieden. Durch die emotionale Ungebundenheit sind den externen Change Agents oft zusätzliche Gestaltungsfreiräume offen (vgl. Thiessen und Hauke 2016, S. 10). Aufgrund der andauernden Veränderungen in Unternehmen ergibt es oft mehr Sinn, einen internen Change Agent zu engagieren. Dadurch, dass dieser oft als Identifikationsfigur gesehen wird, kann er in der Vorbildfunktion den Wandel anstoßen. Er ermittelt den Veränderungsbedarf sowie das Potenzial und lenkt den Wandel durch gezielte Kommunikation (vgl. Thiessen und Hauke 2016, S. 10). Damit die digitale Transformation gelingt, sollte der Change Agent den Ablauf von Transformationsprozessen in Unternehmen beherrschen und über bestimmte soziale und fachliche Kompetenzen, wie z.B. in strategischen, strukturellen und kulturellen Belangen, verfügen (vgl. Vahs und Weiand 2013, S.46 f.).

4.3 Ausgewählte Digital-Leadership-Ansätze

4.3.1 Führen auf Distanz in virtuellen Teams

Die steigende Internationalisierung von Unternehmen führt dazu, dass immer mehr Führungsbeziehungen entstehen, die über physische Grenzen der Unternehmensstandorte hinausgehen (vgl. Bruch et al. 2006, S. 87). Tochtergesellschaften weltweit sowie Produktionsstätten und Unternehmenskooperationen sind allgegenwärtig, v.a. bei größeren Unternehmen. Dies beeinflusst alle Unternehmensbereiche, jedoch wird besonders der Bereich der Unternehmens- und Personalführung tangiert. So hat man in der Praxis eine neuartige Form der Führung feststellen können, die sich „Führung auf Distanz" nennt (vgl. Eichenberg 2007, S.1 f.). Durch die zunehmende digitale Vernetzung steigt die Bedeutung der Zusammenarbeit in virtuellen Teams und somit auch die Bedeutung von Führung auf Distanz (vgl. Weibler 2017).

Virtuelle Teams oder virtuelle Gruppen *„sind Arbeitsgruppen, in denen einzelne Mitglieder von verschiedenen Standorten aus und/oder zu verschiedenen Zeiten arbeiten, so dass die Kooperation mithilfe elektronischer Kommunikationsmedien – E-Mail, Telefon, Videokonferenzen etc. – realisiert wird."* (Rosenstiel und Nerdinger 2011, S. 350)

Sie arbeiten auf der Grundlage von gemeinsamen Zielen und sind informationstechnisch miteinander verbunden. Die Teammitglieder arbeiten ortsunabhängig und durchqueren kulturelle Grenzen und Zeitzonen. Das Übertreten von Unternehmensgrenzen ist nach Weibler (2017) heutzutage zum Alltag geworden (vgl. Weibler 2017). Die grundlegende Aufgabenstellung von virtuellen Teams ist nicht viel anders als die von lokalen Teams. Sie arbeiten selbstständig auf bestimmte oder unbestimmte Zeit zusammen und tragen Mitverantwortung für das Arbeitsergebnis. Die von virtuellen Teams genutzten Kommunikationsmedien unterscheiden sich allerdings grundlegend von denen der lokalen Teams. So verwenden virtuelle Teams ausschließlich neue computervermittelte Kommunikationsmedien, die auf Internet-, Web- oder Mobilfunktechnologie basieren (vgl.Herrmann et al. 2012, S. 28). Die Herausforderung für FK liegt bei Führung auf Distanz darin, trotz fehlenden Face-to-Face-Kontakten zu den MA mit ausgewählten Führungstechniken eine möglichst hohe Führungsqualität sicherstellen zu können (vgl. Bruch et al. 2006, S. 87).

Kulturelle Unterschiede spielen bei der Führung auf Distanz oft eine große Rolle. Dabei kann es sich sowohl um die Länderkulturen als auch um Unternehmenskulturen handeln. Liegen kulturelle Unterschiede im Team vor, kann dies die Führung erschweren. Da es in virtuellen Teams keine Face-to-Face-Interaktionen gibt, können kulturelle Unterschiede oft nicht so leicht überwunden werden. Eine stark ausgeprägte Unternehmenskultur mit gemeinsam geteilten Werten und Normen kann dem entgegenwirken. Damit können räumliche und kulturelle Unterschiede einfacher überbrückt und Führung auf Distanz erleichtert werden (vgl. Bruch et al. 2006, S. 90).

Der Aufbau von Vertrauen gegenüber den MA ist einer der wichtigsten Aspekte bei der Führung auf Distanz. Die neuen Formen der Zusammenarbeit, bei der sich die MA zunehmend räumlich über Länder hinweg verteilt befinden, führen bei FK oft zu Unsicherheit, da sie von den Arbeitsprozessen und -kontexten ihrer MA noch weniger als bei lokalen Teams mitbekommen. Daher brauchen sie ein grundlegendes Vertrauen darauf, dass ihre MA Leistungsbereitschaft zeigen, die gleichen Ziele verfolgen und bei Schwierigkeiten die FK informieren. FK müssen Vertrauen in virtuellen Teams in kleinen Schritten entwickeln (vgl. Herrmann et al. 2012, S.39 f.). Eine Beziehung zu den MA aufzubauen ist gerade bei virtuellen Teams von großer Bedeutung. Da Aspekte wie Mimik und Gestik bei der virtuellen Kommunikation keinen Einfluss haben, ist die Gefahr von Missverständnissen groß (vgl. Weibler 2017). Eine persönliche Verbundenheit ist für viele oft wichtiger, als räumlich nah zusammen zu sein, denn eine gute und enge Beziehung zwischen FK und MA kann aufgaben- und kulturinduzierte Missverständnisse überwinden. So führen schlechte Beziehungen oft zu Motivationsverlusten, Kommunikationsfehlern oder Machtkämpfen, wodurch sich Führung auf Distanz erschwerend gestalten kann (vgl. Bruch et al. 2006, S. 90).

Aber auch für die Vernetzung der Teammitglieder untereinander zu sorgen zählt als Aufgabe der FK. Zu geringe Verbindung der MA kann dazu führen, dass keine gemeinsame Verantwortung und gegenseitige Unterstützung aufkommt und sich die Teammitglieder voneinander entfernen (vgl. Herrmann et al. 2012, S. 40).

Ergebnisorientierte Führung ist v.a. bei virtuellen Teams von großer Bedeutung. Es gilt, an Zielen und Visionen orientiert zu führen, dabei angemessen zu delegieren und das alles mit einem niedrigen Kontrollbedürfnis, um den MA genügend Freiheiten zu gewähren. Hier wird die Verbindung zum Thema „Vertrauen" hergestellt (vgl. Herrmann et al. 2012, S. 41).

Bei virtuellen Teams kann sich die Zusammensetzung an fachlichen Kompetenzen orientieren und ist nicht auf räumliche Verfügbarkeit angewiesen. MA von Standorten weltweit können somit zusammenarbeiten. Außerdem wird durch verschiedene kulturelle Einflüsse der „kulturelle Horizont" der MA erweitert. Das kann zu größerer Flexibilität und Kreativität führen. Ein weiterer Vorteil von virtuellen Teams ist die Zeitersparnis, die sich durch die elektronischen Kommunikationsmedien ergibt. Dadurch können sich Wettbewerbsvorteile am Markt ergeben (vgl. Rosenstiel und Nerdinger 2011, S.350 f.).

Neben den positiven Effekten von virtuellen Teams existieren auch negative Effekte, welche nach Rosenstiel und Nerdinger (2011) meist psychologische Auswirkungen haben. Die Gefahr von eskalierenden Konflikten ist bei virtuellen Teams größer als bei lokalen Teams. Durch die virtuelle Kommunikation kommt es leicht zu unvollständigen Informationen und Bewertung von Ereignissen, worauf andere Teammitglieder übertrieben reagieren können, weil sie sich z.b. verletzt fühlen. Da sich die Form der Zusammenarbeit sehr anonym gestaltet, kann es passieren, dass es einzelne MA nicht schaffen, sich in das Team zu integrieren. Außerdem führe der geringe physische Kontakt zum Unternehmen teilweise zu einer mangelnden Identifikation der MA mit dem Unternehmen, so Rosenstiel und Nerdinger (2011). Dies sei oft der Fall, wenn MA nicht ausreichend in die betrieblichen Strukturen mit einbezogen würden. (vgl. Rosenstiel und Nerdinger 2011, S.350 f.).

Aufgrund der genannten Schwierigkeiten ist ein gezieltes Management virtueller Gruppen erforderlich. Dieses wird in der nachfolgenden Abbildung anhand von fünf Phasen dargestellt.

Phasen und Aufgaben des Managements virtueller Teams	
Phase 1 Aufbau und Konfiguration	• Auswahl der Teamleiter • Auswahl von Mitarbeitern • Strukturelle Bedingungen • Zuschnitt der Aufgaben
Phase 2 Start und Initiierung	• Kick-off-Veranstaltung • Regelwerke
Phase 3 Erhaltung und Regulation	• Motivation • Förderung von Vertrauen • Konfliktmanagement
Phase 4 Optimierung und Korrektur	• Prozessentwicklung • Evaluationsmaßnahmen • Trainings
Phase 5 Beendigung der Telearbeit	• Würdigung der Erfolge • Neuorientierung und Reintegration der Mitarbeiter

Abbildung 9: Phasen und Aufgaben des Managements virtueller Teams (Konradt und Hertel, S.47)

Führungsaufgaben wie Bereitstellung von Feedback, Belohnung und Motivation müssen an die virtuelle Welt angepasst werden. Anforderungen, die bisher für FK galten, wie z.b. Integrität, sind nach wie vor relevant (vgl. Weibler 2017). Es ändert sich bei der Führung auf Distanz also nicht alles, *„aber die Priorität, die Intensität und die Kombination von Anforderungen machen angesichts der veränderten Ausgangssituation eine eigene Qualität der virtuellen Führung aus."* (Weibler 2017)

4.3.2 Führen mit sozialen Medien

Daten und Maschinen, aber v.a. auch Wissens- und Intelligenzträger müssen aufgrund der Digitalisierung zunehmend miteinander verbunden werden. Informationen im Unternehmen sollen transparenter werden. Die kollektive Intelligenz muss genutzt werden, um Veränderungen flexibel entgegentreten zu können. Angemessene Kommunikation und Zusammenarbeit auf Vertrauensbasis sind im digitalen Zeitalter eine besondere Herausforderung. Viele Unternehmen müssen dafür ihre Unternehmenskultur komplett überarbeiten.

Eine Möglichkeit zur Umsetzung ist der Einsatz von sozialen Medien im Unternehmen. Im Jahr 2006 hat der MIT-Professor Andrew McAfee dafür den Begriff „Enterprise 2.0" eingeführt, welcher den Einsatz von Social-Media-Technologien im Unternehmen und im Kontakt mit Kunden und Partnern umschreibt. Viele Unternehmen haben in der letzten Zeit „Enterprise-2.0-Kampagnen" gestartet. Dadurch wurden bekannte Plattformen oder Social Networks wie z.B. ConNext bei der Firma Continental oder TechnoWeb 2.0 bei der Firma Siemens eingerichtet (vgl. Petry 2016, S. 279 f.).

Social Media kann nach Friedrichsen folgendermaßen beschrieben werden: *„Social interaction on the World Wide Web, including the behavioral and cultural patterns of the people using social software, can be described as Social Media."* (Friedrichsen und Mühl-Benninghaus 2013, S. 34)

Social Software meint dabei Anwendungen, die zur zwischenmenschlichen Kommunikation und zum Informationsaustausch dienen. Menschen teilen dort ihre Inhalte, Profile, Meinungen, Erfahrungen, Perspektiven etc. So wird Kommunikation und menschliche Interaktion erleichtert. Soziale Medien umfassen Instrumente wie Weblogs, Message Boards, Podcasts, Lifestreams, Netzwerke, Communities, Video Blogs und viele mehr (vgl. Friedrichsen und Mühl-Benninghaus 2013, S. 37).

Es existieren verschiedene Ansätze zur Integration von Social Media in Unternehmen. Oft wird Social Media anfangs in der Unternehmenskommunikation oder im Marketing angesiedelt, weil man dort als erstes mit dem Thema in Berührung kommt. Es gestaltet sich jedoch schwierig, das Thema aus einem der Bereiche unternehmensübergreifend zu regeln (vgl. Babka 2016, S. 18).

Auch die Anwendungsfelder von Social Media sind breit gefächert. Als Treiber des SocialMedia-Einsatzes gilt die externe Unternehmenskommunikation. Meist werden hier soziale Medien zum Zweck der Werbung eingesetzt. In einer Umfrage unter deutschen Unternehmen von Bitkom im Jahr 2012 stellte sich heraus, dass drei Viertel der Social-Media-Nutzer dies zu Werbungszwecken tun. 70% der Marketingabteilungen und 60% der Unternehmen setzen sie in der Öffentlichkeitsarbeit ein. Aber auch im Kundenservice und –support verwenden mehr als ein Drittel der Unternehmen soziale Medien als Hilfsmittel. Insgesamt nutzten 2012 nur 8% der Personalabteilung aller Unternehmen Social Media, bei den großen Unternehmen waren es 27%. Gerade im HR-Bereich liegen Potenziale für die Nutzung sozialer Medien verborgen, um u.a. potenzielle MA anzusprechen oder in Form eines Employer-Brandings seine Arbeitgeberattraktivität zu präsentieren (vgl. Bundesverband Informationswirtschaft, Telekommunikation und neue Medien e.V. 2012, S. 10).

Im Vertrieb können soziale Medien z.B. bei der externen Kommunikation zwischen Außendienst und Kunde eingesetzt werden. Die Kommunikation kann hier beispielsweise über die Plattform Xing erfolgen. Daraus ergibt sich das Potenzial, den Zeitaufwand pro Kunde zu verringern und die Kosten der Kontaktpflege zu reduzieren, weil durch Social Media weniger Präsenztermine nötig sind. Die interne Kommunikation kann durch die Nutzung von sozialen Medien, wie z.B. Podcasts oder bestimmten Apps, effizienter und schneller gestaltet werden. Dadurch lässt sich außerdem eine „Mailflut" verhindern (vgl. Babka 2016, S. 141). Außerdem können durch die Nutzung von Social Media im Vertrieb die Beziehungen zu den Kunden intensiviert werden (vgl. Friedrichsen und Mühl-Benninghaus 2013, S. 29). Bei der Nutzung von sozialen Medien für die interne und externe Kommunikation sind allerdings auch Risiken zu beachten. Unterlagen, die über Social Media geteilt wurden, können weiter geteilt werden und somit in falsche Hände geraten. Außerdem kann es durch unachtsame Nutzung zu datenschutzrechtlichen Problemen kommen. Die Nutzung von sozialen Medien ist oft sehr zeitintensiv. Daher besteht die Gefahr, dass FK und MA dadurch abgelenkt und von anderen wichtigen Aufgaben abgehalten werden (vgl. Babka 2016, S. 141).

Das klassische Marketing wird nach Babka (2016) am stärksten von allen Geschäftsbereichen durch Social Media beeinflusst. Hauptgrund dafür sind, neben der Vielzahl an neuen Kanälen, die Konsumenten. Deren Einstellung ist heute anders als noch vor ein paar Jahren. Sie sind emanzipierter und besitzen mehr relevante Informationen. Die bloße Präsentation einer Marke, z.B. in einem Werbespot, reicht ihnen nicht mehr aus. Sie möchten ein Erlebnis damit verbinden und die Marke mitgestalten (vgl. Babka 2016, S.63 f.). Früher schaffte es Werbung, den Kunden Vertrauen zu übermitteln und sie zu einer Kaufentscheidung zu bewegen. Heute wird mehr Wert auf Weiterempfehlung gelegt und die Kaufentscheidung beispielsweise an den Kundenbewertungen in Amazon festgemacht (vgl. Babka 2016, S. 65). Die zunehmende Komplexität erfordert eine Erneuerung der Strukturen. Daher empfiehlt es sich, v.a. im Bereich Marketing, Expertenteams für Social Media zu bilden. Besonders im Bereich Social Media kann es passieren, dass man, aufgrund der geringen Halbwertszeit von Wissen, den Überblick verliert (vgl. Babka 2016, S. 66).

Wie oben bereits erwähnt, liegen besonders im HR-Bereich Potenziale der Social-Media-Nutzung. Im Bereich der Personalbeschaffung können Social-Media-Anwendungen zum einen zur Recherche dienen, um mehr über einen potenziellen Kandidaten zu erfahren, zum anderen kann man über soziale Medien Kandidaten im Sinne von „Active Sourcing" aktiv ansprechen. Diese Art der Personalbeschaffung wird aufgrund von Stichwörtern wie „Fachkräftemangel" oder „War for Talents" im digitalen Zeitalter immer relevanter. Durch „Active Sourcing" können Kosten für Headhunter oder Personalbeschaffungsfirmen wegfallen (vgl. Babka 2016, S. 101). Beim Rekrutierungsprozess über soziale Medien muss man als FK aber auch Einiges beachten. Hierbei ist das Thema Datenschutz zu nennen, denn oft zählt nur das Aufrufen eines Profils schon als Datenerhebung. Auch beim Speichern von Daten ist Vorsicht geboten, da die rechtliche Lage hier unklar ist. Daher sollte sich die HR-Abteilung vor dem Rekrutierungsprozess juristischen Rat einholen (vgl. Babka 2016, S. 101). Das Personalwesen benutzt soziale Medien auch zur Stärkung der Arbeitgebermarke. Die Werbung richtet sich dabei an bestimmte Zielgruppen. Eine gleichberechtigte, transparente Kommunikation mit der Zielgruppe soll den Interessenten einen Einblick verschaffen. Laut Babka bringen sogenannte Arbeitgeberbewertungsportale positive, aber auch negative Auswirkungen mit sich (vgl. Babka 2016, S.102 f.).

Auch im Rahmen der internen Kommunikation können soziale Medien eingesetzt werden. Das dient zum einen der Motivationssteigerung der MA und zum anderen zur Informationsübermittlung. MA erwarten zunehmende Mitbestimmung. Eine Führung von „oben herab" wird von den MA teilweise als negativ wahrgenommen (vgl. Babka 2016, S.56 f.). Die Nutzung von sozialen Medien zur internen Kommunikation dient laut Friedrichsen (2013) der Verbesserung von Kommunikation, soll den Aufbau von sozialen Netzwerken erleichtern und das Wissensmanagement im Unternehmen verbessern (vgl. Friedrichsen und Mühl-Benninghaus 2013, S. 40). Interne Kommunikation mit sozialen Medien ist offener als je zuvor. FK als Kommunikatoren müssen lernen, die Rolle eines Impulsgebers und Moderators zu übernehmen und mit „internen Shitstorms" umgehen zu können. Rückkopplungseffekte sind bei der internen Kommunikation über soziale Medien besonders zu beachten, denn es gibt viele Themen, die sehr kontroverse Meinungen bei den MA bewirken. Durch den Einsatz von sozialen Medien in der internen Kommunikation kann auf Augenhöhe eine authentische Kommunikation mit den MA erreicht werden. FK können mit Blogs die interne Solidarität und Identifikation der MA mit dem Unternehmen steigern (vgl. Babka 2016, S. 57). Bitkom (Bundesverband Informationswirtschaft, Telekommunikation und neue Medien e.V.) hat 2015 eine Möglichkeit zur Umsetzung von Social-Media-Aktivitäten in Unternehmen vorgestellt. Diese wird in der folgenden Abbildung dargestellt.

Abbildung 10: Strategische Umsetzung von Social-Media-Aktivitäten im Überblick (Bundesverband Informationswirtschaft, Telekommunikation und neue Medien e.V., S. 11)

Alle oben genannten Ansätze dienen nach Petry (2016) letztlich dazu, *„Mitarbeiter im Unternehmen stärker zu vernetzen (Vernetzung), eine größere Transparenz des vorhandenen Wissens zu erreichen (Offenheit), die Zusammenarbeit zu intensivieren und effizienter zu gestalten (Partizipation) und dadurch letztlich schneller und flexibler zu werden."* (Petry 2016, S. 280)

4.3.3 Führen ohne hierarchische Macht

Laut einer Umfrage der Bertelsmann Stiftung und der Führungskräftevereinigung United Leaders Association (ULA) unter rund 300 Managern sehen viele FK in deutschen Unternehmen die Bedeutung ihrer Position im Unternehmen mit zunehmender Digitalisierung schwinden. Kommunikation auf Augenhöhe wird immer relevanter, Vorgaben von oben hingegen verlieren an Bedeutung (vgl. Schleiter und Spilker 2015). Die digitale Arbeitswelt macht hierarchische Strukturen zum Auslaufmodell, denn Hierarchien passen nicht mehr zu flexiblen Arbeitsmodellen von heute. Hierarchien werden laut Halter (2017) zum „Killer" von Innovation, Kreativität und Motivation (vgl. Halter 2017).

Während früher viele FK Delegation mit Machtverlust in Verbindung brachten, ist es heute von größerer Bedeutung, einen Teil der Verantwortung und Macht an seine MA abzugeben (vgl. Gebhardt et al. 2015, S. 29). Probleme und Projekte bearbeiten alle gemeinsam, ohne Anweisungen aus der Chefetage. MA wollen kein Arbeitsverhältnis mehr, das durch ein „über-mir" und „unter-mir" geprägt ist. Sie wünschen sich zunehmend ein Gefühl des Miteinanders. Laut Creusen (2017) entwickelt sich in Zukunft im Idealfall eine Führung ohne Vorgesetzte und Hierarchien. Diese beruht auf gegenseitiger Motivation und Förderung (vgl. Creusen et al. 2017, S.108 f.). Führung zeichnet sich im digitalen Zeitalter, neben allen anderen genannten Faktoren, v.a. durch eine neue Einstellung aus: *„Wir gemeinsam" - statt des „Ich über euch".* (Creusen et al. 2017, S. 109) Die Partizipationsansprüche der MA sind im digitalen Zeitalter höher denn je. Daher kommen asymmetrische Führungsbeziehungen immer seltener vor und führen auch nicht mehr zum gewünschten Erfolg (vgl. Gebhardt et al. 2015, S. 19).

Bei einer Studie des Instituts für Führungskultur im digitalen Zeitalter (IFIDZ) mit Unterstützung des F.A.Z.-Instituts im März 2015 waren die Meinungen der befragten FK darüber, ob Hierarchiedenken in Unternehmen zurückgeht und sich somit hierarchische Strukturen in Zukunft auflösen, sehr geteilt (vgl. Institut für Führungskultur im digitalen Zeitalter 2015, S.44 f.). Das Ergebnis wird in nachfolgender Abbildung dargestellt.

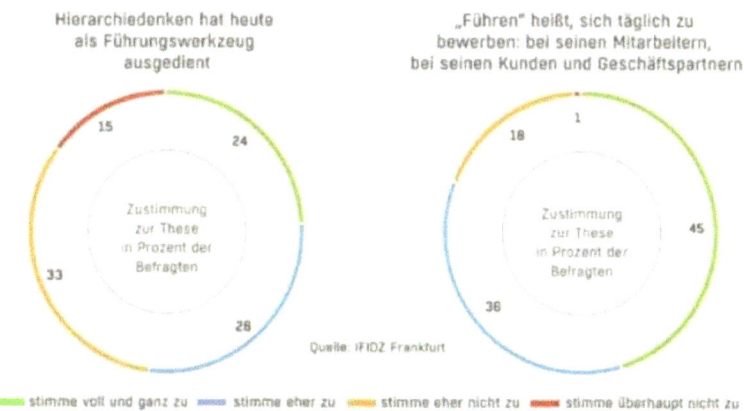

Abbildung 11: Ergebnisse der Studie des Instituts für Führungskultur im digitalen Zeitalter März 2015
(Institut für Führungskultur im digitalen Zeitalter 2015, S. 44 f.)

Ungefähr die Hälfte der befragten FK war der Meinung, dass Hierarchiedenken als Führungswerkzeug ausgedient hat. Fast genauso viele waren jedoch gegenteiliger Auffassung. Die Studienergebnisse zeigten, dass diejenigen, die dagegen stimmten, hauptsächlich aus großen Unternehmen stammten. Das könnte dadurch begründet sein, dass Großunternehmen immer eine gewisse Hierarchiestruktur benötigen, *„sonst wären sie nicht managebar",* so Liebmeister vom Institut für Führungskultur im digitalen Zeitalter (Institut für Führungskultur im digitalen Zeitalter 2015, S.44 f.). Dadurch wäre aber die Partizipation der MA eingeschränkt. Die Studie zeigte außerdem, dass über 80% der FK der Meinung sind, dass der autoritäre Führungsstil der Vergangenheit angehört (vgl. Institut für Führungskultur im digitalen Zeitalter 2015, S. 44 f.). Arbeit 4.0 fordert andere Prioritäten als Hierarchie und Autorität: Kommunikation und Kollaboration, Agilität, adaptives Lernen, Selbstverantwortung, etc. (vgl. Halter 2017).

Führungsstrukturen, die auf Macht basieren, sind in der digitalen Arbeitswelt viel zu unflexibel. Das ist jedoch noch nicht bei allen FK angekommen, denn die *„Macht der Gewohnheit ist groß."* (Halter 2017) Vielen FK fällt es schwer, Macht, egal in welcher Form, abzugeben (vgl.Halter 2017).

Nach Halter (2017) gibt es eindeutige Gründe für das Abflachen der Hierarchiestrukturen:

- In der heutigen Informations- und Wissensgesellschaft lösen sich Grenzen zwischen Beruf- und Privatleben, oben und unten, zunehmend auf. Das Wissen, das früher von einer Machtposition aus gehütet wurde, ist heute frei zugänglich. Jeder muss sich in seiner Rolle ständig neu erfinden und dazu lernen.
- In der Sharing Economy, in der wir heute leben, muss Verantwortung abgegeben werden. Die digitale Welt ist dynamisch. Hierarchische Top-Down-Strukturen sind dafür zunehmend ungeeignet. Auf die Herausforderungen der digitalen Arbeitswelt kann besser mit horizontalen Netzwerkstrukturen reagiert werden.
- Das Bild einer autoritären Führung mit formalen Kriterien und Werten, wie z.B. Gehorsam, ist veraltet. Zeitgemäße Führung definiert sich zunehmend durch soziale Tugenden wie Kommunikation, Konsens, Motivieren, Zuhören, Zusammenbringen (vgl. Halter 2017).

Felix Frei, Arbeitspsychologe und Unternehmensberater, äußert in einem Interview mit Matthias Morgenthaler über sein Buch „Die hierarchische Organisation als Wurzel vieler Übel", dass Führung zunehmend als Rolle und nicht als hierarchische Position verstanden werden müsse und zwar als Rolle neben den MA. Er betont außerdem, dass viele FK aus Angst vor Kontrollverlust an der Hierarchie festhielten. Wer in der digitalen Zukunft überleben will, tut sich mit primär hierarchischen Strukturen keinen Gefallen, da man dadurch auf Dauer zu langsam und unflexibel werde, meint Frei (vgl.Morgenthaler 2016).

Das heutige System ist nach Frei widersprüchlich: FK erwarten Eigeninitiative und Eigenverantwortung von ihren MA, fordern aber gleichzeitig Unterwerfung und Gehorsam. Sie klagen über die Unselbstständigkeit und Passivität ihrer MA, treffen aber dann alle Entscheidungen selbst und folgern daraus, dass dies unerlässlich ist. Für Frei ist ein Problem von klassischen hierarchischen Organisationen, dass es bei Führungsentscheidungen mehr darauf ankommt, wer entscheidet, als darauf, was entschieden wird (vgl. Morgenthaler 2016). *„Hierarchie erzeugt Stabilität – und ist deshalb für stabile Umwelten geeignet. Unsere Welt ist aber unberechenbar und sie verändert sich rasend schnell. Da bringt es nichts, intern der Kontrollillusion zu huldigen."* (Morgenthaler 2016)

Unternehmen, die das Prinzip der Eigenverantwortung umsetzen wollen, müssen beim Abbau der Hierarchie als führendes Organisationsprinzip ansetzen. Dieser Ansatz ist für kleine Unternehmen leichter zu realisieren als für große. Jedoch wird es zunehmend in großen Unternehmen erforderlich sein, da diese immer schwerfälliger werden (vgl. Morgenthaler 2016).

Ein Ansatz zum Abbau von Hierarchien ist die digitale Vernetzung, z.b. anhand eines Social Intranets. Dadurch werden MA effektiv und einfach in Kommunikationsnetzwerke und Systemlandschaften mit einbezogen. Informationsmanagement muss sich weg bewegen von räumlicher und zeitlicher Beschränkung. Entscheidungsprozesse sollen geöffnet und beschleunigt sowie Schubladen- und Silodenken[3] abgeschafft werden. In den interaktiven Plattformen des Social Intranets begegnen sich FK und MA auf Augenhöhe und Informationen sind für alle jederzeit zugänglich, unabhängig von der Präsenz im Büro (vgl. Halter 2017).

Ein weiteres Modell, das sich von hierarchischen Strukturen lösen sollte, entwickelte der Amerikaner Brian Robertson. Er erfand das Konzept der „Holacracy". Dabei lehnte er sich an den Ansatz der „Sociocracy" bzw. „Dynamic Governance" (2007) aus den Niederlanden an, die schon früher diskutiert wurden (vgl. Mohr 2017, S. 1). Holacracy beschreibt den Versuch, *„Firmen mit neuen Entscheidungsprozeduren, die nicht auf einer klassischen Hierarchie aufbauen, funktionieren zu lassen."* (Mohr 2017, S. 1) Es handelt sich bei Holacracy um ein neues Managementsystem, das versucht, besser mit dem dynamischen Wandel der Umwelt umzugehen (vgl. Mohr 2017, S. 1).

In der Praxis würde radikale Holacracy so aussehen, dass es keine offiziellen Führungspositionen mehr gibt, alle bisherigen formalen Strukturen aufgelöst werden und keine Jobbezeichnungen mehr existieren. MA arbeiten selbstverantwortlich und selbstorganisiert. Führung wird dezentralisiert. Stellenbeschreibungen werden flexibel, je nach Aufgabe oder Projekt, festgelegt. MA arbeiten dadurch motivierter, woraus sich bessere Resultate ergeben. Strukturelle Einschränkungen gibt es nicht mehr. Dadurch wird die Organisation flexibler und kann schneller auf Veränderungen im Markt reagieren. Laut einem Blog wurde das Konzept weltweit bereits in einigen hundert Unternehmen ausprobiert. Ein Beispiel dafür ist der Online Schuhhandel Zappos, Tochtergesellschaft von Amazon. Tony Hsieh, der CEO der Firma, wollte verhindern, dass sein Unternehmen träge wird und stieß dabei auf das Konzept der Holacracy. Dieses setzte er schließlich 2015 in seiner

---

[3] Silodenken bedeutet starkes Abteilungsdenken. Abteilungen sind nicht bereit Informationen etc. mit anderen Abteilungen zu teilen. Es scheitert an der Zusammenarbeit (vgl.Business Dictionary; Tagwerker-Sturm 2014).

Firma um. In der Holacracy wird die klassische Hierarchiepyramide durch verschiedene Kreise ersetzt. Teams werden Kreise genannt und jedem Kreis ist ein Partner zugeordnet. Dieser achtet darauf, dass die Personen ihre Rolle erfüllen (vgl. Summa 2016, S.117 f.). Beim Holacracy-Ansatz werden die einzelnen Rollen der MA genau durchdacht (vgl. Mohr 2017, S. 1). Rollen lösen die klassischen Stellenbeschreibungen ab. Befugnisse und Entscheidungen werden auf sich selbst organisierende Teams verteilt und nicht mehr über die traditionelle Hierarchiepyramide gehandhabt, so wie es nun auch beim Onlinehandel Zappos umgesetzt wird (vgl. Brinsa 2015).

Doch auch der Ansatz der Holacracy weist laut Brinsa (2015) Spuren von hierarchischen Strukturen auf. So nennt er Holacracy die *„Hierarchie der Kreise."* (Brinsa 2015) Innerhalb der Kreise herrscht Demokratie. Doch jeder Kreis an sich arbeitet in einer Hierarchie, denn der „höhere" Kreis sagt dem „unteren" Kreis, welche Aufgaben er zu tun hat. So hat der höhere Kreis auch die Macht darüber, Änderungen vorzunehmen oder Personal aus dem unteren Kreis auszutauschen. Brinsa meint: *„Aber auch wenn jeder Kreis noch so demokratisch ist, so arbeitet er dennoch innerhalb einer vertikalen Hierarchie und muss sich nach oben orientieren, um Instruktionen über seinen Zweck zu erhalten."* (Brinsa 2015)

Auch Halter (2017) ist der Meinung, dass eine Zukunft komplett ohne Hierarchien unrealistisch sei. Die Soziologen und Unternehmensberater Stefanie Büchner, Stefan Kühl und Judith Muster haben im Beitrag „Von wegen Revolution" in der Süddeutschen Zeitung am 10.04.2017 geschrieben, dass hierarchische Strukturen sich nicht überall auflösen, sondern alte Strukturen oft nur durch neue ersetzt würden. Abteilungen werden z.B. nicht abgeschafft, sondern nur umbenannt, denn die Gliederung in Hierarchien gehört zu den hartnäckigsten Faktoren in Unternehmen (vgl. Halter 2017). Unternehmensberater Guido Bosbach meint, eine Kombination von Hierarchie und Netzwerken führe zum Erfolg, denn ein Minimum an stabilen, hierarchischen Strukturen, werde in jedem Unternehmen gebraucht. Sie geben die nötige Orientierung und Sicherheit (vgl. Halter 2017).

4.4 Relevanz der Digital Leadership

Die Bedeutung der Digital Leadership in Unternehmen steigt zunehmend, unabhängig vom Geschäftsmodell (vgl. Helfritz et al. 2016, S. 4). Bei einer Studie von Crisp Reserach im September 2015 nahmen Unternehmen die Digitalisierung noch als abstrakte Größe wahr. Nur die Hälfte der Befragten glaubte an eine hohe Relevanz des Themas in naher Zukunft. Sogar fast 20% der befragten Unternehmen waren der Auffassung, dass ihr Unternehmen gar nicht von der Digitalisierung beeinflusst werde. Außerdem wurde der Einfluss der Digitalisierung auf Unternehmen von den verschiedenen Generationen sehr unterschiedlich eingeschätzt. Während nur ein geringer Anteil der über 40-jährigen FK die Bedeutung der Digitalisierung als hoch einschätzte, waren fast doppelt so viele unter 40-jährige FK der gleichen Meinung (vgl. Velten et al. 2015, S. 3).

Bei einer Studie im März 2016 von der Deutschen Gesellschaft für Personalführung e.V. in Kooperation mit drei weiteren Unternehmen zum Thema „Digital Leadership" stellte sich heraus, dass es immer wichtiger für Unternehmen wird, die Fähigkeit zu besitzen, Digital Leadership im Unternehmen aufzubauen. Die Kompetenzen dazu sind jedoch teilweise noch zu gering ausgeprägt, da viele noch nicht das nötige Know-How besitzen (vgl. Helfritz et al. 2016, S. 4). Bei der Studie ging es hauptsächlich darum, die Bedeutung von Digital Leadership für FK und ihr Unternehmen heute und in Zukunft herauszuarbeiten. Insgesamt nahmen 325 Personen teil. Diese stammten aus kleinen, mittleren und großen Unternehmen. Es waren sowohl Vorstände und MA mit Führungserfahrung als auch MA ohne Führungsverantwortung beteiligt, wovon die meisten zwischen 30 und 49 Jahre alt waren. Diese stammten aus den verschiedensten Branchen. Die am stärksten vertretenen Branchen waren Automobil und Zulieferer, Beratungen, Chemie und Pharma, Finanzen und Versicherungen sowie IT und Telekommunikation (vgl. Helfritz et al. 2016, S. 5). Die Ergebnisse der Studie zeigen, dass Digital Leadership bei allen Befragten bereits eine wichtige Rolle spielt. Dabei wird zwischen Unternehmensbereichen und Branchen unterschieden, wie es in den zwei nachfolgenden Abbildungen anhand einer Skala von 5 (unbedeutend) bis 1 (unabdingbar) dargestellt ist (vgl. Helfritz et al. 2016, S. 6).

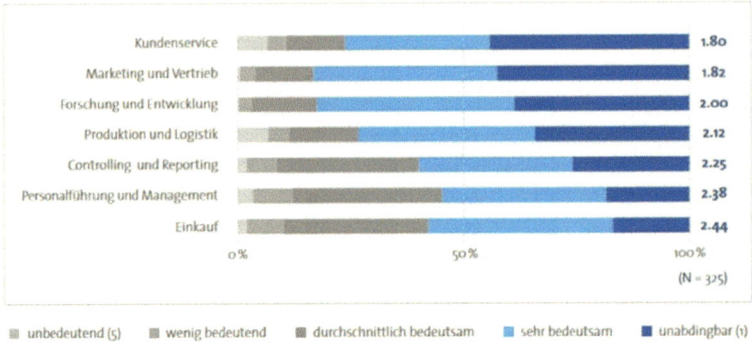

Abbildung 12: Die aktuelle (2016) Bedeutung von Digital Leadership in den Unternehmensbereichen
(Helfritz et al., S. 6)

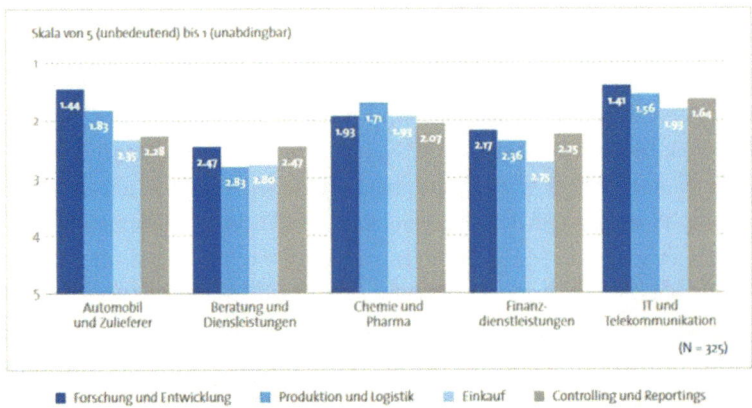

Abbildung 13: Betrachtung der Bedeutung von Digital Leadership in den verschiedenen Branchen
(Helfritz et al., S. 6)

Somit hat die Digitalisierung bisher (2016) im Bereich Kundenservice sowie Marketing und Vertrieb die größte Relevanz, während der Einkauf und die Personalführung eine geringe Bedeutung der Digitalisierung angaben. Bei der Unterscheidung der Branchen fällt auf, dass die Digitalisierung in der IT- und Telekommunikationsbranche in allen Unternehmensbereichen durchgehend eine hohe Bedeutung aufweist. Bei Finanz- und Beratungsdienstleistungen hingegen ist die Bedeutung noch relativ gering. Während die Bedeutung von der Mehrheit als hoch eingestuft wurde, sieht es bei der aktuellen Situation und den eigenen Fähigkeiten zur Digital Leadership noch anders aus (vgl. Helfritz et al. 2016, S. 7). Eine Übersicht bietet die nachfolgende Abbildung anhand einer Skala von 5 (stimmt nicht) bis 1 (stimmt voll und ganz).

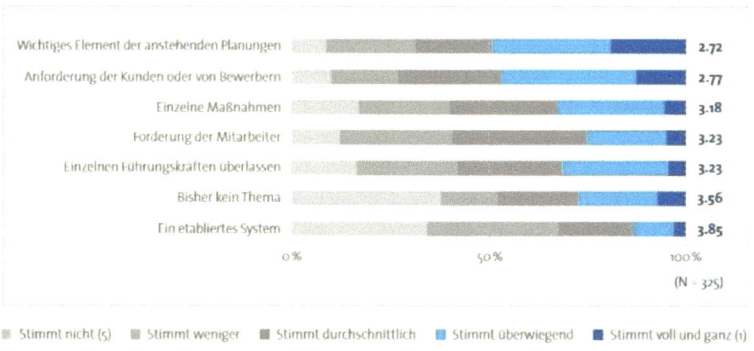

Abbildung 14: Die aktuelle Situation zu Digital Leadership in den Unternehmen
(Helfritz et al., S. 7)

Digital Leadership ist nur bei ca. einem Drittel der befragten Unternehmen ein etabliertes System. Meistens wird das Thema nur einzelnen FK überlassen. Bei ca. 50% der Unternehmen ist es noch gar kein relevantes Thema (vgl Helfritz et al. 2016, S. 7). Ein Grund dafür könnte sein, dass die Fähigkeiten zur Digital Leadership noch relativ wenig unter den FK und MA ausgeprägt sind, wie es die Ergebnisse der Studie zeigen (Skala von 5 (Schlecht) bis 1 (Exzellent)) (vgl. Helfritz et al. 2016, S. 8).

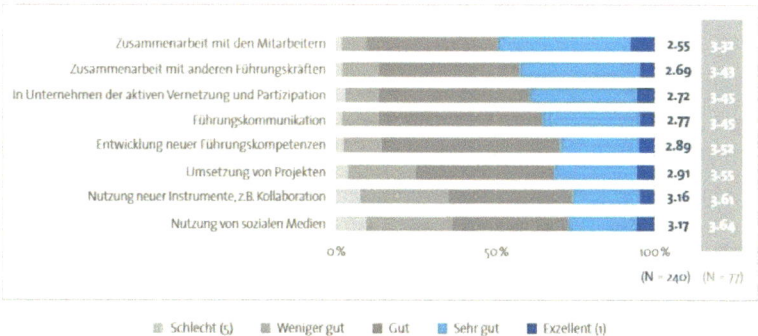

Abbildung 15: Die eigene und fremde Einschätzung der Fähigkeiten der Führungskräfte zu Digital Leadership
(Helfritz et al., S. 8)

Die Einschätzungen der FK zu ihren Fähigkeiten liegen in Anlehnung an eine Schulnotenskala im befriedigenden Bereich. Die Einschätzung der MA zu den digitalen Fähigkeiten ihrer FK (rechte Zahlenspalte) fallen sogar noch etwas schlechter aus. Besonderen Aufholbedarf sehen die FK bei der Kollaboration und der Nutzung von sozialen Medien. Aber auch bei der Entwicklung von neuen Führungskompetenzen wurden die Fähigkeiten eher gering eingeschätzt. Über den Handlungsbedarf sind sich somit alle bewusst (vgl. Helfritz et al. 2016, S. 8).

In einer Studie der Rochus Mummert Unternehmensberatung im Februar 2017, bei der über 100 Top-FK von deutschen Unternehmen befragt wurden, kam heraus, dass sich jede zweite FK maximal zwei Stunden in der Woche Zeit nimmt, um ihr digitales Wissen zu erweitern. Nur rund 15% der FK befassen sich fünf Stunden wöchentlich mit dem Thema. Als Grund dafür nennen FK oft den großen zeitlichen Aufwand für den operativen Führungsalltag (vgl. Stuhr 2017). Peter Schoppe, Associate Partner bei Rochus Mummert, meint dazu, *„dass das Thema Digital Leadership doch längst fester Bestandteil des Berufslebens einer FK sein müsste."* (Stuhr 2017) Denn nur wer sich kontinuierlich neues Wissen über die Digitalisierung und Industrie 4.0 aneignet, kann mit den disruptiven Veränderungen am Markt mithalten. Ein weiterer Grund für die geringe Lernbereitschaft könnte die verzerrte Selbstwahrnehmung zum Thema Digitalisierung sein. Viele FK überschätzen ihre digitalen Fähigkeiten, da sie den Vergleich nur mit den direkten MA ziehen und keinen Blick außerhalb des Unternehmens werfen. So würden sich zwei von drei Befragten bereits als Digital Leader bezeichnen (vgl. Stuhr 2017).

Dass das Thema Digital Leadership von ganz „oben" angestoßen wird bzw. werden sollte, bestätigt das Ergebnis der Studie. Von den befragten Vorständen und Geschäftsführern investieren immerhin 40% zwei bis fünf Stunden zur Weiterbildung im Thema Digitalisierung, 17% mindestens fünf Stunden pro Woche und 5% sogar mehr als einen Tag pro Woche. Die Studie betont die dringende Notwendigkeit, sich mehr mit der digitalen Transformation zu beschäftigen, da das Top-Management insgesamt noch zu wenig Zeit investiere (vgl. Stuhr 2017).

4.5 Kompetenzen einer digitalen Führungsfigur

Damit die digitale Transformation auch umgesetzt werden kann, braucht es einen Digital Leader. Viele Unternehmen setzen dafür einen CDO ein. Dieser steuert den Wandel und treibt ihn aktiv voran. Er trägt die Verantwortung, eine digitale Vision für das Unternehmen zu entwickeln, einen klaren Weg für das Unternehmen vorzugeben und jeden einzelnen MA in den Transformationsprozess zu integrieren.

Er bricht Silodenken auf und stößt Veränderungen in der Organisation an. Die digitale Transformation bedeutet eine große organisatorische und persönliche Herausforderung für die digitale Führungsfigur und erfordert auch gewisse digitale Führungskompetenzen, die in diesem Kapitel dargestellt werden sollen (vgl. Heads! Executive Consultancy und Deloitte Digital GmbH 2015, S. 9).

Bei digitaler Führungskompetenz spricht man von einer Querschnittskompetenz, denn sie setzt sich aus verschiedenen Teil- und Schlüsselkompetenzen zusammen. Diese werden je nach Führungsaufgabe ermittelt, festgesetzt und bewertet (vgl. Ciesielski und Schutz 2016, S. 113). Ciesielski und Schutz zählen v.a. Medienkompetenz, interkulturelle Kompetenz, Innovationskompetenz und Führungskompetenz zu den digitalen Kompetenzen (vgl. Ciesielski und Schutz 2016, S. 119). Eine Kompetenz, mit der viele FK im digitalen Alltag oftmals zu kämpfen haben und die nur dann zum Thema wird, wenn etwas nicht so läuft, wie man es sich vorstellt, ist die Medienkompetenz. Medienkompetenz zählt laut Ciesielski und Schutz (2016) zu den wichtigsten Bestandteilen der digitalen Führungskompetenz. Auch die interkulturelle Kompetenz ist im digitalen Zeitalter von großer Bedeutung, wird jedoch oft nicht umgesetzt. So beginnt die Forderung nach interkultureller Kompetenz im Führungsalltag bereits im Büro mit der Verwendung von sozialen Netzwerken. In der Praxis jedoch machen FK meistens nur ein interkulturelles Training, wenn sie sich z.B. längere Zeit in ausländischen Niederlassungen aufhalten (vgl. Ciesielski und Schutz 2016, S. 122).

Bei einer Studie von Deloitte Digital und Heads Executive Consultancy (2015), in der 102 Unternehmen aus den USA, Europa und Asien aus verschiedenen Industrien befragt wurden, kam heraus, dass alle Digital Leader bereits einen vielseitigen beruflichen Werdegang vorzuweisen haben und die meisten schon Erfahrungen in anderen Digital- oder Technologieunternehmen gesammelt haben. Die Studie zeigte außerdem, dass diejenigen, die zum Digital Leader werden, zuvor schon durchschnittlich 4,5 leitende Positionen in anderen Unternehmen innehatten (vgl. Heads! Executive Consultancy und Deloitte Digital GmbH 2015, S. 10).

Nach einer Studie von Crisp Research (Velten et al. 2015) setzt sich die Kompetenz eines Digital Leader aus einer Kombination von „Digital Mindset" und „Digital Skills" zusammen. Digital Mindset beschreibt die Verbindung aus Leadership- und Digital First-Denkweise, während Digital Skills für ein hohes Maß an Wissen und praktischen Fähigkeiten in Bezug auf das Thema Digitalisierung stehen. Die Anforderungen an den Digital Leader sind vielseitig. Laut der Studie soll dieser eine Vorbild- und Motivationsrolle einnehmen (87% Zustimmung). Gleichzeitig sagen 86% der Befragten, dass er neue Ideen einbringen und Impulse durchsetzen sowie digitale Fähigkeiten der MA fördern (84%) und die digitale Strategie verwirklichen sollte (83%) (vgl. Velten et al. 2015, S. 23).

Eine der wichtigsten Kompetenzen im digitalen Zeitalter ist die Kommunikationsfähigkeit. Das Institut für Führungskultur im digitalen Zeitalter hat 30 Studien und Umfragen aus den Jahren 2012 bis 2016 untersucht und dabei festgestellt, dass am häufigsten (70%) die Kommunikationsfähigkeit als digitale Kompetenz genannt wurde. Innerhalb der Kommunikationskompetenz wurden u.a. Aspekte wie „Feedback geben" und „zuhören" als wichtige Kompetenzen genannt (vgl. Institut für Führungskultur im digitalen Zeitalter 2016, S. 7). Auch bei der HR-Trendstudie von Kienbaum 2015 war Kommunikationsfähigkeit unter den drei meist genannten Kompetenzen (vgl. Kienbaum Communications GmbH & Ko. KG 2015, S. 41). Aber auch Menschenorientierung zählt zu den digitalen Führungskompetenzen. Darunter versteht man u.a. Aspekte wie Wertschätzung, respektvoller Umgang, Verständnis und Zuwendung (vgl. Institut für Führungskultur im digitalen Zeitalter 2016, S. 8).

Nach der Deutschen Gesellschaft für Personalführung e.V. (DGfP) können die Kompetenzen der digitalen Führungsfigur in drei Bereiche gegliedert werden:

- Der erste Bereich umfasst die fachlich-technischen Kompetenzen. Technologische Veränderungen kommen im digitalen Zeitalter sehr häufig vor. FK als Vorbilder müssen dazu fähig sein, die neuen Instrumente und Technologien einzusetzen. Medienkompetenz wird auch hier als wichtige Kompetenz genannt, jedoch wandle sich diese mit der Digitalisierung zu einer Digital- oder Technologiekompetenz (vgl. Lorenz und Enke 2016, S. 37).

- Unter dem zweiten und dritten Bereich, der Businesskompetenz und der digitalen Fitness, fasst die DGfP Eigenverantwortlichkeit, Kommunikationsfähigkeit, Vernetzungskompetenz und Agilität zusammen. FK müssen in die Rolle eines Trendforschers und Innovationstreibers schlüpfen und eigenverantwortlich, verantwortungsbewusst und willensstark Ideen im Unternehmen durchsetzen. Sie benötigen Kompetenzen eines Entrepreneurs, um mit Unsicherheiten und Risiken richtig umgehen zu können, um so das Unternehmen zum Erfolg zu führen. Aufgrund des wachsenden Datenaufkommens wird es für FK zunehmend wichtig, Informationen mit den richtigen Medien aufzubereiten und dann im Unternehmen zu kommunizieren. Auch die Persönlichkeitskompetenzen der FK spielen eine wichtige Rolle.

Durch die enorme Geschwindigkeit der Veränderungen müssen die Anpassungsfähigkeit und das Anpassungstempo von FK verbessert werden. In diesem Zusammenhang werden Kompetenzen, wie Selbstmanagement, Ausdauer und Dynamik genannt (vgl. Lorenz und Enke 2016, S. 39). Da die MA zunehmend mehr Eigenständigkeit und Selbstverantwortung fordern, wird es für FK wichtiger, Vertrauen in die Teams zu haben. Bei der Verteilung der Ressourcen sind Kompetenzen wie eine gute Beobachtungsgabe, Verhandlungs- und Vermittlungsgeschick sehr wichtig (vgl. Lorenz und Enke 2016, S. 40).

Auch das Institut für Führungskultur im digitalen Zeitalter nennt als Schlüsselkompetenzen Vertrauen schaffen, Vernetzungsfähigkeit, Motivation, Innovationsfreudigkeit und digitale Medienkompetenz. Außerdem werden noch Kompetenzen wie Transparenz schaffen, Entscheidungsfähigkeit und Teamfähigkeit für wichtig empfunden (vgl. Institut für Führungskultur im digitalen Zeitalter 2016).

Im Rahmen der Studie „Digital Leadership – Führungskräfteentwicklung im digitalen Zeitalter" hat Capgemini Consulting ein Kompetenzmodell entwickelt, welches detailliert die Fähigkeiten beschreibt, die einen Digital Leader ausmachen (vgl. Crummenerl und Kemmer 2015, S. 8). Es wird in zwei Kompetenzbereiche gegliedert: *„Das WAS: Einstellungen, Kompetenzen und Verhaltensweisen, die eine FK im digitalen Zeitalter ausmachen. Und das WIE: Kompetenzen, die eine FK benötigt, um die digitale Transformation im eigenen Unternehmen voranzutreiben."* (Crummenerl und Kemmer 2015, S. 8)

Digital Leadership

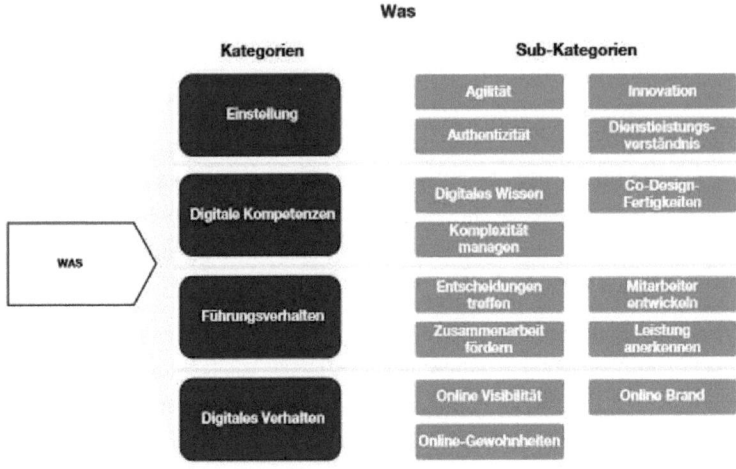

Abbildung 16: Kernkompetenzen für einen Digital Leader
(Crummenerl und Kemmer, S. 9)

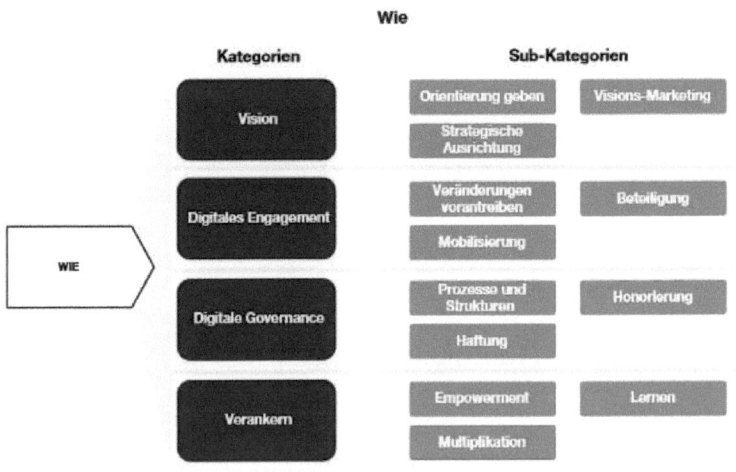

Abbildung 17: Kernkompetenzen für die digitale Transformation
(Crummenerl und Kemmer, S. 9)

Die in den Abbildungen 16 und 17 dargestellten Kompetenzen stellen die wichtigsten Aspekte für eine digitale Führungsfigur nach Capgemini dar. Um erfolgreich zu sein, müssen Unternehmen, ausgerichtet an ihrer digitalen Vision, selbst entscheiden, welche Kompetenzen sie zum Erfolg führen und diese dann auf ihre Situation und Unternehmenskultur spezifisch anpassen.

Im digitalen Zeitalter werden die klassischen Führungskompetenzen durch neue Kompetenzen ergänzt. Dazu gehören Kompetenzen, welche z.B. den Umgang mit digitalen Tools und digitales Verhalten beinhalten. Dies umfasst u.a. die Präsenz auf digitalen Plattformen. Ein sehr wichtiger Faktor im digitalen Zeitalter ist die Einstellung der FK. Mit der richtigen Einstellung werden FK zum Vorbild für ihre MA und können diese für den Wandel motivieren (vgl. Crummenerl und Kemmer 2015, S. 8).

Das Unternehmen braucht eine einheitliche digitale Vision, an der die digitalen Maßnahmen ausgerichtet werden können. Das stellt sicher, dass alle einen gemeinsamen Weg verfolgen. FK müssen also die Fähigkeit besitzen, alle Aktivitäten auf die digitale Vision des Unternehmens auszurichten. Das bedeutet, die digitale Strategie in jede Entscheidung mit einfließen zu lassen, Orientierung zu geben und die MA für die Vision zu begeistern. Damit eine Vision realistisch bleibt und nicht zur Utopie wird, sollten FK und MA diese zu hundert Prozent vertreten und im Alltag umsetzen. Dazu gehört auch digitales Engagement der FK. Sie müssen Veränderungen anstoßen, die MA dabei beteiligen und anleiten. Auch Digital Governance ist Teil des Kompetenzmodells von Capgemini. Damit wird der Rahmen beschrieben, in dem die digitale Vision verfolgt wird. FK müssen die Kompetenzen besitzen, den Rahmen zu gestalten und bei ihren MA ein Bewusstsein dafür zu schaffen. Das beinhaltet die Anpassung von Strukturen und Prozessen, die Anerkennung von neuen Verhaltensweisen und die Einführung von Social Media Guidelines (vgl. Crummenerl und Kemmer 2015, S. 9). Damit die Motivation auch bei Schwierigkeiten erhalten bleibt, ist es nach Capgemini wichtig, dass Bemühungen verankert werden. FK müssen Lernprozesse bei den MA vorantreiben, damit die Umsetzung sichergestellt wird (vgl. Crummenerl und Kemmer 2015, S. 10).

In einer weiteren Studie von Capgemini Consulting („Das Geheimnis erfolgreicher digitaler Transformation – Warum Führung, Befähigung und Kultur den Unterschied machen" 2012) wird herausgearbeitet, welche Fähigkeiten einen Digital Leader ausmachen. Er besitzt einen gewissen Grad an digitaler Reife, um auf Dauer von den digitalen Potenzialen profitieren zu können. Er muss außerdem agil arbeiten, um auf Veränderungen reagieren und Risiken tolerieren zu können. Digital Leader sind offen für Innovationen und Experimente. Sie kontrollieren nicht alles, sondern konzentrieren sich mehr auf das Ergebnis. Eine digitale FK ist bereit, sich ständig neues Wissen anzueignen und legt mehr Wert auf Expertise als auf Hierarchien. Zu den wichtigsten Kompetenzen einer digitalen FK zählen laut Capgemini das Verständnis von Digitalisierung und neuen Technologien und das Managen von Komplexitäten (vgl. Crummenerl und Seebode Orsolya 2012, S. 18). Da die Anforderungen der MA im digitalen Zeitalter gestiegen sind, muss eine FK ihr Verhalten an den jeweiligen MA adaptieren. FK alleine können den digitalen Wandel nicht realisieren. Einer der wichtigsten Faktoren beim digitalen Wandel sind die MA. Daher zählt es zu den Kernkompetenzen von digitalen FK, den MA den Zugang zu den nötigen digitalen Qualifikationen zu ermöglichen und damit sicher zu stellen, dass sie immer über die aktuell gefragten digitalen Fähigkeiten verfügen (vgl. Crummenerl und Seebode Orsolya 2012, S. 19).

4.6 Kritische Betrachtung des Digital-Leadership-Ansatzes im Rahmen der Digitalisierung

4.6.1 Potenziale und Vorteile

„Wer heute den Anschluss an den Trend der Digitalisierung verpasst, wird langsamer, unflexibler, und unwissender als die digitalen Vorreiter und damit langfristig aus dem Markt verdrängt." (vgl. Crummenerl und Kemmer 2015, S. 3)

Die Studie „Leading Digital – Turning Technology into Business Transformation" vom MIT Centre for Digital Business und Capgemini zeigt, anhand einer Analyse von 400 Unternehmen, dass diejenigen Unternehmen, die eine klare digitale Vision und Investitionen in digitale Fähigkeiten vorweisen konnten (hoher digitaler Reifegrad), durchschnittlich 26% profitabler sind als Unternehmen mit einem niedrigen digitalen Reifegrad (vgl. Crummenerl und Kemmer 2015, S. 3).

Ohne Digital Leadership kann keine digitale Transformation stattfinden. Digitale Führung ermöglicht den digitalen Wandel von Unternehmen und sichert somit ihre Zukunft ab. MA können ihr Potenzial vollständig entfalten und nutzen, da nicht mehr Hierarchien an erster Stelle stehen, sondern tatsächliche Fähigkeiten und Qualitäten. Unternehmen können davon profitieren, dass das volle Potenzial der MA ausgeschöpft werden kann (vgl. Glaser 2016).

Durch die Verringerung von Fehlerquellen sowie das Vollautomatisieren von Prozessen und den damit einhergehenden gesunkenen Herstellkosten können Unternehmen laut dem Bundesverband Deutscher Unternehmensberater einen Vorteil durch die Digitalisierung erlangen: Die Wettbewerbsfähigkeit in Bezug auf Produktionskosten könne gesteigert werden (vgl. Adamczyk et al., S. 1).

Digital Leadership zeichnet sich durch räumlich und örtlich flexible Arbeitsmodelle, wie z.B. Homeoffice, Telearbeit, Gleitzeit, Vertrauensarbeitszeit, etc., aus. Diese Art der Arbeitsgestaltung bringt Vorteile, sowohl für das Unternehmen als auch für die MA, mit sich. Zum einen kann die Arbeitgeberattraktivität gesteigert werden, denn Kriterien wie Selbstständigkeit und freie Zeiteinteilung werden für Arbeitnehmer zunehmend wichtig bei der Wahl des Arbeitgebers. Zum anderen kann es sich positiv auf die Produktivität der MA auswirken, da ihre Motivation durch flexible Arbeitsgestaltung steigt. Somit steigen die Identifizierung mit dem Unternehmen und die Bindung der MA an das Unternehmen. Durch flexible Arbeitsgestaltung können Fehlzeiten reduziert werden. Außerbetriebliche Termine können durch variable Zeiteinteilung besser wahrgenommen oder sogar in den Arbeitstag mit eingebaut werden, ohne dass Fehlzeiten entstehen (vgl. Baumfeld et al. 2015, S. 4). Ca. 76% der Unternehmen in Deutschland haben bereits flexible Arbeitsgestaltung in ihren Arbeitsalltag integriert. Davon behaupten die meisten Unternehmen, dass dadurch die Motivation und Produktivität der MA steige. Außerdem sollen die flexiblen Arbeitsmodelle positiv zur Vereinbarung von Privat- und Berufsleben beitragen. Eine angemessene Work-Life Balance kann dadurch leichter erreicht werden (vgl. b-wise GmbH 2011). Die gestiegene Produktivität der MA führt bei vielen Unternehmen auch zu höheren Gewinnen (vgl. Haufe Online Redaktion 2017b). Außerdem kann die Fluktuation der MA verringert werden, wodurch wiederum Kosten für Rekrutierung und Einarbeitung eingespart werden (vgl. Baumfeld et al. 2015, S. 4).

Weitere Potenziale und Vorteile des Digital-Leadership-Ansatzes im Rahmen der Digitalisierung sollen anhand eines Beispiels erläutert werden. In Leila Summas Buch „Digitale Führungsintelligenz – Adapt to win" (2016) wird die digitale Transformation des Unternehmens Payback mit allen Herausforderungen und Ansätzen beschrieben, darunter auch die bisherigen Resultate, die sich aus der Digitalisierung des Unternehmens ergeben. Die Vorteile lassen sich quantitativ in Kennzahlen festhalten: Durch die Nutzung digitaler Services konnten Umsatzsteigerungen von über 33% jährlich festgestellt werden. Außerdem konnten neue Kundengruppen dazu gewonnen werden. So waren 35% der Kunden, die Coupons nun auf mobilen Endgeräten nutzten, zuvor Coupongegner und 44% der Kunden bevorzugen bereits die Einlösung ihrer Coupons in digitalen Kanälen. So ist auch die Anzahl der versendeten Payback-Coupons gestiegen: Von 1,1 Mrd. Coupons im Jahr 2011 zu 16 Mrd. Coupons im Jahr 2014, wovon 14 Mrd. in digitaler Form verschickt wurden. Mit gezielter Kommunikation schaffte es das Unternehmen, mehr als 27 Mio. Nutzer weltweit über digitale Newsletter anzusprechen. Die Payback-App konnte sich durch die Digitalisierung zu einer der führenden Shopping-Apps entwickeln (vgl. Summa 2016, S. 207). Payback kann seinen Partnern und Kunden durch die Digitalisierung innovative Nutzungsmöglichkeiten und Perspektiven bieten: *„Eine Plattform mit kanalübergreifender Steuerungsmöglichkeit und immenser Quantität sowie v.a. hoher Qualität an Daten aus diesen Nutzerinteraktionen."* (Summa 2016, S. 208) Mit dieser Plattform bietet Payback den Partnern relevanteres Marketing und den Kunden passende Angebote und Coupons. Die Attraktivität der Angebote wird dadurch erhöht und somit gewinnt das Unternehmen mehr Nutzer. Außerdem können so die Kosten für Up-Selling, Cross-Selling, Neukundengewinnung, Kundenaktivierung sowie Image- und Markenaufbau eingespart werden, wodurch sich ein höherer ROI für die Partner ergibt (vgl. Summa 2016, S. 208). Außerdem ist der Gesamtumsatz durch die Gewinnung digitaler Partner gestiegen. Die Integration von neuen Partnern wurde verbessert. Die MA wurden auf erweiterte Geschäftsmodelle eingestellt und schließlich konnte eine digitale Denkweise erreicht werden (vgl. Summa 2016, S. 213).

Auch nach Juhre (2017) könnten Unternehmen von Digital Leadership profitieren. Mit einer partizipativen, innovationsgetriebenen Führung werden neue Medien und Methoden eingeführt, um das Unternehmen digital zu gestalten. Durch die gestiegene Vernetzung der Kompetenzen haben Unternehmen das Potenzial, eine schnellere, flexiblere und agilere Führung zu erreichen (vgl. Juhre 2017). Außerdem kann die gesamte Wertschöpfungskette schlanker, schneller und effektiver gestaltet werden. Gesteuert und ermöglicht werden alle Veränderungen durch Digital Leadership. Wenn dies erfolgreich geschieht, kann das Unternehmen von einem umfassenden Kulturwandel profitieren (vgl. Brandes-Viesbeck 2017).

Die Digitalisierung birgt das Potenzial durch Automatisierung und Digitalisierung von Prozessen die Dauer von Administrationstätigkeiten zu reduzieren. Durch die Nutzung von Cloud- und Sharing-Angeboten können FK ihre Teams effizienter und produktiver gestalten und dadurch Kosten senken (vgl. Creusen et al. 2017, S. 101).

Flexible Arbeitsumfelder können zu einer Erhöhung der Kreativität der MA führen, wohingegen die bisher meist eintönigen Büros eher als „Ideenkiller" wirken (vgl. Creusen et al. 2017, S.101 f.).

Mit der Digitalisierung wächst die Selbstbestimmung der MA. Ihnen wird mehr Verantwortung von den FK übertragen, um eigenständiger zu arbeiten. Dadurch kann eine Motivationssteigerung bei den MA erreicht werden (vgl. Summa 2016, S. 8). Gleichzeitig wird das Selbstvertrauen und die Eigenständigkeit der MA gestärkt (vgl. Creusen et al. 2017, S. 179). Dadurch, dass die MA selbstständiger arbeiten, müssen die FK ihnen Vertrauen entgegenbringen. Durch mehr Vertrauen im Team kann die Teamleistung verbessert werden (vgl. Schwarzmüller et al. 2017, S. 5). Die Aufgeschlossenheit eines Digital Leader kann bei den MA bewirken, dass sie mit Informationen offener umgehen und Interesse und Freude am Experimentieren entwickeln (vgl.Creusen et al. 2017, S. 179).

Durch den Einsatz digitaler Medien könnten digitale FK die Agilität, Schnelligkeit und Flexibilität des Unternehmens verbessern. Sie unterstützen damit die MA bei ihrer Entwicklung und versorgen sie durch digitale Vernetzung in sozialen Netzwerken mit nötigen Informationen. Durch die Digitalisierung wird der Zugang zu Lernquellen einfacher. Dadurch haben alle MA die Möglichkeit, sich kontinuierlich weiterzuentwickeln (vgl. Creusen et al. 2017, S.179 f.).

Entscheidungen werden zunehmend in der Gemeinschaft getroffen. Dabei wird das, was man sagt, nicht mehr nach Hierarchie oder Position im Unternehmen bewertet, sondern lediglich nach der Qualität der Aussage (vgl. Creusen et al. 2017, S.179 f.). Außerdem können im Team Entscheidungen meistens schneller und agiler getroffen werden als von einer FK alleine (vgl. Ayberk et al. 2017, S. 47).

Durch soziale Netzwerke können Zusammenhalt und Gemeinschaftssinn unter den MA verbessert werden (vgl. Creusen et al. 2017, S.179 f.). Mit kontinuierlichem Feedback können digitale FK erreichen, dass sich die MA auf das Wesentliche fokussieren. Dadurch können Ressourcen- und Kräfteverschwendung verhindert werden (vgl. Creusen et al. 2017, S. 181).

In der digitalen Arbeitswelt nimmt die Diversität in Teams zu. Daraus können sich bei aktivem Management Potenziale wie z.B. kreativere Leistungen, höhere finanzielle Performance und Innovationen ergeben (vgl. Schwarzmüller et al. 2017, S. 6).

FK, die Digital Leadership anwenden, unterstützen ihr Unternehmen bei der digitalen Transformation und stellen sicher, dass sich alle mit der Digitalisierung und ihren Auswirkungen befassen. Gerade bei großen Unternehmen mit traditionellen Hierarchiestrukturen herrscht auf den ersten Blick oft Skepsis gegenüber diesem Ansatz. Auf den zweiten Blick wird oft deutlich, dass FK durch konsequentes Digital Leadership das Unternehmen innovativer und zukunftsfähiger gestalten können (vgl. Creusen et al. 2017, S. 181).

4.6.2 Kritik und Nachteile

Durch die Digitalisierung steigt die Komplexität in Unternehmen. Die hohe Geschwindigkeit der Veränderungen stellt FK vor große Herausforderungen. Sie müssen instabile und nicht-lineare Prozesse richtig handhaben (vgl. Geramanis und Hermann 2016, S. 50).

Das Umfeld von FK wird im digitalen Zeitalter von folgenden Aspekten bestimmt: *„globale Vernetzung, Konkurrenz um knapper werdende Ressourcen, ständige medial hergestellte Transparenz, Erwartungsdruck an immer kürzere Reaktionszeiten in Kommunikationsprozessen, Unsicherheiten hinsichtlich Spannungen und Konflikten in der sozialen Struktur, begleitet von politisch-gesellschaftlicher Instabilität [...]"* (Geramanis und Hermann 2016, S. 50)

Laut Geramanis und Hermann (2016) ergeben sich daraus oft Probleme, da es FK schwer falle, Systeme mit deren Komplexität, Beziehungen, Funktionen und Rückkopplungen zu verstehen. Viele FK denken und handeln zu wenig systemisch. In Planungs- und Handlungsprozessen kommt es daher oft zu erheblichen Fehlern (vgl. Geramanis und Hermann 2016, S.50 f.).

Wie oben bereits erwähnt, verdoppelt sich nach dem Gesetz von Moore die Leistungskraft von Prozessoren alle 12 bis 24 Monate, was ein exponentielles Wachstum darstellt und das führt zu einem weiteren Problem für den Menschen: Nach dem Physiker A. A. Bartlett fällt es vielen Menschen schwer, die Exponentialfunktion zu verstehen. Daher gelingt es manchen FK nicht, die Verbindung zu Wirtschaft und Gesellschaft aufzubauen (vgl. Summa 2016, S. 4). Das größte Problem der Führung im 21. Jahrhundert ist die Beziehung zwischen zwei Kurven: *„Technologie entwickelt sich exponentiell, aber Organisationen nur so schnell wie die Mitarbeitenden selbst."* (Summa 2016, S. 4) Man kann festhalten, dass sich Technologien schneller verändern, als es FK und MA bzw. Organisationen generell aufnehmen und verinnerlichen können. Das erfordert neuartige Strukturen und Organisationsformen, welche man bisher nur in den wenigsten Unternehmen wiederfindet (vgl. Summa 2016, S.4 f.).

Das unkontrollierbare Wachstum kann in Verbindung mit der Dynamik der Veränderungen laut Geramanis und Hermann (2016) dazu führen, dass ein System komplett zusammenbricht. Bereits vor ca. 40 Jahren wurden in Büchern, wie z.b. „Unsere Welt – ein vernetztes System" von Vester, bevorstehende Schwierigkeiten und passende Lösungen thematisiert. Doch seither wurde nur wenig an den Ursachen gearbeitet. Gegen Probleme wurde viel zu kurzfristig und mit unpassenden Maßnahmen vorgegangen, indem nur die Symptome behandelt wurden und nicht die Ursachen. Man spricht hier von sogenanntem „Reparaturdienstverhalten". Systeme sind weiterhin unberechenbar und daraus ergeben sich wiederum Handlungs- und Prognosefehler. Eine gestiegene Komplexitätswahrnehmung führt außerdem zu genereller Überforderung der FK und MA (vgl. Geramanis und Hermann 2016, S. 51). Man spricht von einer gravierenden *„Kontroll- und Systemkrise"* im digitalen Zeitalter (Geramanis und Hermann 2016, S. 51).

Summa (2016) kritisiert die Einstellung der Deutschen gegenüber Innovationen. 51% empfinden die Geschwindigkeit, in der sich Innovationen wie z.B. neue Geschäftsmodelle entwickeln, als zu schnell. Deutsche hätten eine Abwehrhaltung gegenüber (disruptiven) Innovationen, so Summa (2016). So stellte auch John Kornblum, ehemaliger Botschafter der USA in Deutschland im Februar 2015 fest, dass es den Deutschen an Innovationen fehle (vgl. Summa 2016, S. 76). Während in Deutschland v.a. in den Großkonzernen die evolutionäre Innovation, also die Weiterentwicklung und Verbesserung von Produkten, dominiere, konzentriere man sich in den USA auf die revolutionäre Innovation, so Marion Weissenberger-Eibl, Leiterin des Fraunhofer Instituts für System- und Innovationsforschung (vgl. Summa 2016, S.76 f.). Diejenigen Unternehmen, die sich ausschließlich mit evolutionären Innovationen befassen, werden früher oder später von denjenigen Unternehmen, die sich auf disruptive, revolutionäre Innovationen konzentrieren, überholt (vgl. Summa 2016, S. 79).

Die flexiblen Arbeitsmodelle des digitalen Zeitalters bringen nicht nur Vorteile mit sich. Die Kreuzung von Arbeit und Privatem stellt für viele FK und MA einen Stressfaktor dar (vgl. Schwarzmüller et al. 2017, S. 7). Eine Studie der Hans-Böckler-Stiftung 2011/2012 stellte fest, dass selbstbestimmte Arbeitszeiten bei den MA Stress verursachen und es den MA zunehmend schwer fällt, in der Freizeit abzuschalten. 45% der MA, die im Homeoffice arbeiten, gaben an, dass sie abends mit dem Kopf immer noch bei der Arbeit seien. Bei den MA, die nie von zuhause aus arbeiten, waren es nur ca. 20%. Generell konnte man feststellen, dass der Stressfaktor mit der Flexibilisierung der Arbeitszeiten steigt. Dabei konnte man einen Unterschied zwischen Männer und Frauen erkennen. Männer verbinden es am meisten mit Stress, wenn sie ihre Arbeitszeit komplett alleine festlegen. Für Frauen hingegen ist es eine große Belastung, wenn die Arbeitszeiten kurzfristig vom Arbeitgeber geändert werden. Denn dadurch wird die Planung des Alltags erschwert und der Stressfaktor erhöht (vgl. Mauel 2017). Laut einer Studie der Technikerkrankenkasse (2013) erhöhen Faktoren wie eine große Informationsflut, ungenaue Arbeitsaufträge, häufige Arbeitsunterbrechungen, z.B. durch Emails, und die ständige Erreichbarkeit das Stresslevel der MA. So sind sechs von zehn deutschen Arbeitnehmern am Arbeitsplatz gestresst, so die Studie (vgl. Schwarzmüller et al. 2017, S. 7). Die Anforderungen im digitalen Zeitalter können zu einer Überbelastung der FK und MA führen. Daraus können sich folgenschwere physische und psychische gesundheitliche Schäden ergeben (vgl. Remdisch 2016, S. 12).

Der Arbeitsalltag von FK wird durch die Digitalisierung beschleunigt. Dies resultiert aus der Verschärfung des Wettbewerbs, neuen Formen der Kommunikation und der Erfordernis einer kontinuierlichen digitalen Transformation. Dadurch steigt der Druck auf FK. Sie stehen zunehmend unter Druck, schnell und proaktiv zu handeln (vgl. Schwarzmüller et al. 2017, S. 9). In der Ausgabe des Manager-Barometers der Personalberatung Odgers Berndtson gaben mehr als drei Viertel der 2.124 befragten FK an, unter erhöhtem Wettbewerbsdruck zu stehen. Dieser entstehe durch die internationale Transparenz von Dienstleistungen und Produkten, so die Befragten (vgl. Haufe Online Redaktion 2017d).

FK sehen auch Nachteile in der digitalen Kommunikation. Dadurch, dass die Kommunikation zunehmend virtuell und auf Distanz stattfindet, nimmt die Bedeutung des persönlichen Austauschs immer mehr ab. Ebenso sehen sie Nachteile in der ständigen Erreichbarkeit über die meisten digitalen Medien (vgl. Haufe Online Redaktion 2017d).

Es stellt sich abschließend die Frage, ob es sich beim Konzept von Digital Leadership wirklich um eine derart große Revolution handelt, wie es derzeit in vielen Medien beschrieben wird. Bernd Rutz, Berater bei HR Pioneers, meint dazu, dass am Digital-Leadership-Ansatz gar nicht so viel Neues dran sei. So finde man in der Literatur von vor 50 Jahren Führungsansätze, die auch im digitalen Zeitalter gute Führung ausmachen. In der Praxis scheinen diese Ansätze jedoch noch zu wenig umgesetzt. So könnte man auf den ersten Blick behaupten, dass es sich bei Digital

Leadership um alten Wein in neuen Schläuchen handelt (vgl. Rutz 2017). Rutz betont, dass man bei einem zweiten Blick erkenne, dass sich „*die Qualität des Weines deutlich verbessern müsse.*" (Rutz 2017)

Auch Dominic Lindner gelangt in seinem Blog „Agile Unternehmen –Zukunftsfähig in der digitalen Transformation-" zum Thema Digital Leadership zu dem Fazit, dass es sich um alten Wein in neuen Schläuchen handle (vgl. Linder 2017). Die bisherigen Führungsansätze würden nicht komplett erneuert, sondern vielmehr situationsadäquat „*im Sinne einer digitalen Welt gezielt zur richtigen Zeit eingesetzt.*" (Linder 2017) Das bedeutet, dass FK nicht mehr ausschließlich einen Führungsstil anwenden können, sondern eine Kombination aus verschiedenen Ansätzen wählen, um den digitalen Anforderungen gerecht zu werden (vgl. Linder 2017).

Harald Schirmer, tätig im Bereich Talent Management und Organisationsentwicklung der Continental AG, äußert sich auch zu diesem Thema auf seinem Blog (vgl. Schirmer 2016). Laut Schirmer sind die Ansätze von Digital Leadership keine Revolution, sondern die „*Rückbesinnung auf unsere menschlichen Werte.*" (Schirmer 2016) Sowohl im Umgang mit einzelnen MA als auch mit dem ganzen Team, machen Werte wie z.B. Respekt, Wertschätzung, Loyalität, Empathie, Solidarität oder Kulturverständnis die Qualität der Führung im digitalen Zeitalter aus (vgl. Schirmer 2016).

Auch Johannes Moskaliuk schrieb im April 2017 in einem Beitrag zu Digital Leadership, dass die Führungsansätze, die im digitalen Zeitalter angestrebt werden, nicht neu seien. Er bezeichnet Ansätze wie die transformationale oder werteorientierte Führung als alten Wein in neuen Schläuchen. Neu sei laut Moskaliuk „lediglich" der Handlungsdruck, der sich aufgrund der Digitalisierung ergibt. FK werden von den Unternehmen aufgefordert, die Veränderungen aktiv mitzugestalten (vgl. Moskaliuk 2017b).

5 Schlussbetrachtung und Ausblick

Die Digitalisierung sorgt für einen grundlegenden Wandel in Gesellschaft und Wirtschaft und das in einem unaufhaltsamen Tempo. Sie macht vor keiner Branche Halt. Begriffe wie Big Data, Cloud Computing, 3D-Druck und Industrie 4.0 werden immer relevanter. Die Auswirkungen der Digitalisierung sind vielfältig. Unternehmen müssen sich grundlegend verändern: Von der Art der Kommunikation und den Teamstrukturen über das Führungsverständnis und die Unternehmenskultur bis hin zu kompletten Wertschöpfungsketten und Geschäftsmodellen.

Das stellt FK heutzutage vor eine sehr große Herausforderung. Sie sind dafür verantwortlich, den Wandel aktiv voranzutreiben und die MA dabei mitzunehmen und zu motivieren. Die Ansprüche der Generation von heute an Führung sind höher als die der früheren Generationen. Sinnstiftend zu führen und dabei den MA ausreichend Freiheiten zu geben, gehört zu den wichtigsten Aufgaben der FK im digitalen Zeitalter. FK müssen ihre Führungsaufgaben überdenken und neue Führungsinstrumente einsetzen, um den digitalen Wandel im Unternehmen erfolgreich gestalten zu können.

Eine der wichtigsten Ressourcen des digitalen Wandels sind die MA. FK müssen dafür sorgen, dass sie sich kontinuierlich zum Thema Digitalisierung weiterentwickeln können. FK müssen Neuem gegenüber offen sein und bereit sein, ständig dazu zu lernen. Außerdem müssen sie eine digitale Vision, an der sich alle orientieren können, entwickeln und vorleben. Ziele werden gemeinsam mit den MA vereinbart. Bei der Zielerreichung gewähren FK den MA mehr Freiraum, um ihre Eigenständigkeit zu stärken. Das erfordert großes Vertrauen in die MA, welches zunächst Schritt für Schritt aufgebaut werden muss. Zusammenarbeit findet zunehmend in virtuellen Teams statt. Die Forderung von MA nach flexiblen Arbeitsmodellen steigt. Diese können im digitalen Zeitalter leichter realisiert werden. Führung findet weniger in starren Hierarchiestrukturen statt, sondern zunehmend durch kollektive Entscheidungsfindung. FK müssen lernen, Unsicherheiten und Komplexitäten nicht als Bedrohungen, sondern als Herausforderungen zu sehen. Die digitale Transformation erfordert ein Umdenken der FK und MA. Dabei liegt die Verantwortung bei der FK, in der Rolle des Digital Leader und Change Manager, die Veränderungen anzustoßen und den MA die Richtung zu weisen. Dazu benötigen sie neben den allgemeinen Führungskompetenzen auch digitale Medienkompetenz, interkulturelle Kompetenz und Innovationskompetenz.

Vielen FK fällt es schwer, aus alten Gewohnheiten auszubrechen. Doch die Offenheit gegenüber Veränderungen und die Bereitschaft, aktiv mit dem Team etwas zu verändern, sind bedeutende Aspekte für eine erfolgreiche digitale Transformation. Durch die hohe Geschwindigkeit der Digitalisierung und den damit einhergehenden technologischen und gesellschaftlichen Veränderungen wächst der Handlungsdruck auf FK. Das digitale Zeitalter bringt viele neue Anforderungen an Führung und FK mit sich. Dennoch scheint das Thema Digital Leadership zum heutigen Zeitpunkt in vielen Unternehmen noch nicht auf der Tagesordnung der FK zu stehen. Es ist vermutlich nur eine Frage der Zeit, bis die digitale Transformation von Unternehmen unerlässlich sein wird, um am Markt wettbewerbsfähig bleiben zu können.

Literaturverzeichnis

Adamczyk, Christoph; Bäcker, Matthias; Franzen, Ottmar; Kreutz, Manuel; Suntrop, Carsten; Wachter, Phillip: Führung in Zeiten der Digitalisierung. Mitarbeitern neu begegnen, datenbasierte Geschäftsmodelle entwickeln, Digitale Transformation gestalten. Hg. v. Bundesverband Deutscher Unternehmensberater e.V. (BDU) Bonn. Online verfügbar unter https://www.bdu.de/media/227446/positionspapier.pdf, zuletzt geprüft am 22.12.2017.

Apriori - business solutions AG (2017): Digital Leadership: 4 Tipps für CEOs, CIOs, Manager und HR. Hg. v. Apriori - business solutions AG Aschaffenburg. Online verfügbar unter https://www.apriori.de/digital-leadership-4-tipps-fuer-ceos-cios-manager-und-hr/, zuletzt geprüft am 18.12.2017.

Au, Corinna von (2016): Wirksame und nachhaltige Führungsansätze. System Beziehung Haltung und Individualität. Wiesbaden: Springer (Leadership und Angewandte Psychologie).

Ayberk, Eva-Maria; Kratzer, Lisa; Linke, Lars-Peter (2017): Weil Führung sich ändern muss. Aufgaben und Selbstverständnis in der digitalisierten Welt. 1. Auflage. Wiesbaden: Springer Fachmedien Wiesbaden.

Azhari, Peyman; Faraby, Nilufar; Prof.Dr.Rossmann, Alexander; Steimel, Bernhard; Wichman, Kai S. (2014): Digital Transformation Report 2014. Hg. v. neuland GmbH & Co. KG. Online verfügbar unter https://www.wiwo.de/downloads/10773004/1/dta_report_neu.pdf, zuletzt geprüft am 03.01.2018.

Babka, Stefanie (2016): Social Media für Führungskräfte. Behalten Sie das Steuer in der Hand. Wiesbaden: Springer Gabler.

Bass, Bernard M. (2010): Two Decades of Research and Development in Transformational Leadership. In: *European Journal of Work and Organizational Psychology* 8 (1), S. 9–32. DOI: 10.1080/135943299398410.

Baumfeld, Leo; Hummelbrunner, Richard; Lukesch, Robert (2015): Flexible Arbeitszeitmodelle. In: Leo Baumfeld, Richard Hummelbrunner und Robert Lukesch (Hg.): Instrumente systemischen Handelns. Eine Erkundungstour. 1. Aufl. s.l.: Springer Gabler (Edition Rosenberger), S. 107–128, zuletzt geprüft am 10.01.2018.

Becker, Thomas; Knop, Carsten (2015a): Digitales Neuland. Warum Deutschlands Manager jetzt Revolutionäre werden. Aufl. 2015. Wiesbaden: Springer Gabler.

Becker, Thomas; Knop, Carsten (Hg.) (2015b): Digitales Neuland. Warum Deutschlands Manager jetzt Revolutionäre werden. Aufl. 2015. Wiesbaden: Springer Gabler.

Björn Bloching; Philipp Leutiger; Torsten Oltmanns; Carsten Rossbach; Thomas Schlick; Gerrit Remane et al. (2015): Die digitale Transformation der Industrie. Hg. v. Roland Berger Consultants GmbH und Bundesverband der deutschen Industrie e.V. (BDI). Online verfügbar unter https://bdi.eu/media/user_upload/Digitale_Transformation.pdf, zuletzt geprüft am 03.01.2018.

Blessin, Bernd; Wick, Alexander (Hg.) (2016): Führen und führen lassen in der Praxis. Fallbeispiele. Uni-Taschenbücher GmbH. Konstanz, München: UVK Verlagsgesellschaft mbH; UVK/Lucius (UTB, 8657).

Börkircher, Mikko; Frank, Heiko; Gärtner, Ralf; Hasse, Ferdinand; Jeske, Tim; Lennings, Frank et al. (2016): Digitalisierung und Industrie 4.0. So individuell wie der Bedarf – Produktivitätszuwachs durch Informationen. Begriff und Potenziale der Industrie 4.0 Beispiele aus der Unternehmenspraxis Voraussetzungen und Einführung. Hg. v. Institut für angewandte Arbeitswissenschaft e.V. (ifaa) Düsseldorf. Online verfügbar unter https://www.arbeitswissenschaft.net/fileadmin/user_upload/Downloads/Industrie_4_0_Ansicht.pdf, zuletzt geprüft am 13.12.2017.

Brandes-Viesbeck, Christiane (2017): Digitale Transformation: 10 Digital Leader in mittelständischen Unternehmen. Hg. v. Tissler, Jan UPLOAD Magazin Hamburg. Online verfügbar unter https://upload-magazin.de/blog/20135-digital-leader/, zuletzt geprüft am 11.01.2018.

Brinsa, Markus (2015): Holacracy: Die Hierarchie der Kreise. Hg. v. Zukunftsinstitut GmbH Frankfurt a.M. Online verfügbar unter https://www.zukunftsinstitut.de/artikel/holacracy-die-hierarchie-der-kreise/, zuletzt aktualisiert am 02.11.2017, zuletzt geprüft am 06.01.2018.

Bruch, Heike; Krummaker, Stefan; Vogel, Bernd (Hg.) (2006): Leadership. Best practices und Trends. Unter Mitarbeit von Maren Behse. 1. Aufl. Wiesbaden: Gabler.

Brynjolfsson, Erik; McAfee, Andrew (2015): The second machine age. Wie die nächste digitale Revolution unser aller Leben verändern wird. 2. Auflage. Kulmbach: Börsenmedien AG.

Buhr, Daniel: Industrie 4.0: Digitale Wirtschaft – Herausforderung und Chance für Unternehmen und Arbeitswelt. In: *Ifo Schnelldienst* 68 (10/2015). Online verfügbar unter https://www.cesifo-group.de/DocDL/ifosd_2015_10_1.pdf, zuletzt geprüft am 13.12.2017.

Bundesministerium für Wirtschaft und Energie, Referat Öffentlichkeitsarbeit - Plattform Industrie 4.0 (2017): Was ist Industrie 4.0? Hg. v. Bundesministerium für Wirtschaft und Energie, Referat Öffentlichkeitsarbeit - Plattform Industrie 4.0. Online verfügbar unter http://www.plattform-i40.de/I40/Navigation/DE/Industrie40/WasIndustrie40/was-ist-industrie-40.html, zuletzt geprüft am 06.12.2017.

Bundesverband Informationswirtschaft, Telekommunikation und neue Medien e.V. (2012): Social Media in deutschen Unternehmen. Unter Mitarbeit von Tobias uvm. Arns. Hg. v. Bundesverband Informationswirtschaft, Telekommunikation und neue Medien e.V. Berlin. Online verfügbar unter https://www.bitkom.org/noindex/Publikationen/2012/Studie/Social-Media-in-deutschen-Unternehmen/Social-Media-in-deutschen-Unternehmen4.pdf, zuletzt geprüft am 05.01.2018.

Bundesverband Informationswirtschaft, Telekommunikation und neue Medien e.V. (2015): Social Media. Leitfaden. dritte Auflage. Unter Mitarbeit von Tobias uvm. Arns. Hg. v. Bundesverband Informationswirtschaft, Telekommunikation und neue Medien e.V. Berlin. Online verfügbar unter https://www.bitkom.org/noindex/Publikationen/2015/Leitfaden/Social-Media-Guidelines/150521-LF-Social-Media.pdf, zuletzt geprüft am 05.01.2018.

Business Dictionary: Silo Mentality. Hg. v. Web Finance Inc. Online verfügbar unter http://www.businessdictionary.com/definition/silo-mentality.html, zuletzt geprüft am 05.02.2018.

b-wise GmbH (2011): Motivation und Produktivität durch flexible Arbeitsgestaltung. Hg. v. b-wise GmbH Business Wissen Information Service Karlsruhe. Online verfügbar unter https://www.business-wissen.de/artikel/motivation-und-produktivitaet-durch-flexible-arbeitsgestaltung/, zuletzt aktualisiert am 2011, zuletzt geprüft am 13.12.2017.

Ciesielski, Martin A.; Schutz, Thomas (2016): Digitale Führung. Wie die neuen Technologien unsere Zusammenarbeit wertvoller machen. Berlin, Heidelberg: Springer Gabler.

Cole, Tim (2017): Digitale Transformation. Warum die deutsche Wirtschaft gerade die digitale Zukunft verschläft und was jetzt getan werden muss! 2., erweiterte Auflage. München: Verlag Franz Vahlen (Impulse für den Mittelstand). Online verfügbar unter http://ebookcentral.proquest.com/lib/zbw/detail.action?docID=4822799.

Creusen, Utho; Gall, Birte; Hackl, Oliver (2017): Digital Leadership. Führung in Zeiten des digitalen Wandels. Wiesbaden: Springer Fachmedien Wiesbaden.

Crummenerl, Claudia; Kemmer, Kilian (2015): Digital Leadership. Führungskräfteentwicklung im digitalen Zeitalter. Hg. v. Capgemini Consulting. Online verfügbar unter https://www.capgemini.com/consulting-de/wp-content/uploads/sites/32/2017/08/14-10-16_digital_leadership_v11_web_17102016.pdf, zuletzt geprüft am 05.11.2017.

Crummenerl, Claudia; Seebode Orsolya, Rita (2012): Das Geheimnis erfolgreicher digitaler Transformation. Warum Führung, Befähigung und Kultur den Unterschied machen. Hg. v. Capgemini Consulting. Online verfügbar unter https://www.capgemini.com/consulting-de/wp-content/uploads/sites/32/2017/08/das_geheimnis_erfolgreicher_digitaler.pdf, zuletzt geprüft am 04.12.2017.

Daskalakis, Alexandra: Was ist transformationale Führung? Hg. v. Institut für Kompetenzerweiterung Kaarst. Online verfügbar unter https://www.remotivation.de/downloads/public/fuehrung/Fuehrung_Transformationale_Fuehrung.pdf, zuletzt geprüft am 27.11.2017.

Deutsche Gesellschaft für Personalführung e. V (2015): Die digitale Transformation von Unternehmen. Fragen für eine zukunftsorientierte Unternehmensführung & HR-Management. Hg. v. Deutsche Gesellschaft für Personalführung e. V. Online verfügbar unter https://congress.dgfp.de/fileadmin/user_upload/Kongress/Archiv/congress_2015/Programmheft/DGFP_congress_2015_Programm.pdf, zuletzt geprüft am 19.01.2018.

Ebert, Falk: Definition: Digitalisierung. Das Buch zur Digitalisierung. Online verfügbar unter https://buchzurdigitalisierung.de/definition-digitalisierung/, zuletzt geprüft am 04.12.2017.

Eichenberg, Timm (2007): Distance Leadership. Modellentwicklung, empirische Überprüfung und Gestaltungsempfehlungen. 1. Aufl. s.l.: DUV Deutscher Universitäts-Verlag (Information - Organisation - Produktion). Online verfügbar unter http://gbv.eblib.com/patron/FullRecord.aspx?p=748364.

Eilers, Silke; Möckel, Kathrin; Rump, Jutta; Schabel, Frank (2017): HR-Report 2017. Schwerpunkt Kompetenzen für eine digitale Welt. Eine empirische Studie des Instituts für Beschäftigung und Employability IBE im Auftrag von Hays für Deutschland, Österreich und die Schweiz. Hg. v. Hays Recruiting experts worldwide. Online verfügbar unter https://www.hays.de/documents/10192/118775/Hays-Studie-HR-Report-2017.pdf/3df94932-63ca-4706-830b-583c107c098e.

Euchner, James; Johansen, Bob (2013): Navigating the VUCA world. An interview with Bob Johansen. In: *Research technology management : RTM* 56 (1), S. 10–15.

Euler, Thomas (2016): Digital Leadership - Eine Einführung. Hg. v. Digital Hills by eck consulting. Online verfügbar unter http://www.digital-hills.de/digital-leadership-einfuehrung/, zuletzt geprüft am 20.12.2017.

Friedrichsen, Mike; Mühl-Benninghaus, Wolfgang (Hg.) (2013): Handbook of Social Media Management. Value Chain and Business Models in Changing Media Markets. Berlin, Heidelberg: Springer Berlin Heidelberg.

Gebhardt, Birgit; Hofmann, Josephine; Roehl, Heiko (2015): Zukunftsfähige Führung. Die Gestaltung von Führungskompetenzen und -systemen. Hg. v. Bertelsmann Stiftung Gütersloh. Online verfügbar unter https://www.businessmanagement.iao.fraunhofer.de/content/dam/businessmanagement/de/documents/Projekte/2015-03_Zukunftsf%C3%A4hige%20F%C3%BChrung.pdf, zuletzt geprüft am 01.12.2017.

Geramanis, Olaf; Hermann, Kristina (Hg.) (2016): Führen in ungewissen Zeiten. Impulse, Konzepte und Praxisbeispiele. Springer Fachmedien Wiesbaden GmbH. 1. Aufl. 2016. Wiesbaden: Springer Fachmedien Wiesbaden.

Glaser, Norman (2016): Digital Leadership vs. traditionelle Führung. Hg. v. MK CONSULTING GMBH. Online verfügbar unter https://www.markenkonstrukt.de/2016/10/10/digital-leadership-vs-traditionelle-fuehrung-2/, zuletzt geprüft am 11.01.2018.

Gläser, Waltraud: Leadership Skills und Strategien für eine Vuca Welt. Online verfügbar unter http://www.vuca-welt.de/, zuletzt geprüft am 31.12.2017.

Glazinski, Bernd (2007): Innovatives Changemanagement. Strategie, Organisation und Verhalten erfolgreich integrieren. 1. Aufl. Weinheim: WILEY-VCH. Online verfügbar unter http://deposit.d-nb.de/cgi-bin/dokserv?id=2831371&prov=M&dok_var=1&dok_ext=htm.

Gloger, Boris; Rösner, Dieter (2014): Selbstorganisation braucht Führung. Die einfachen Geheimnisse agilen Managements. München: Hanser.

Groll, Tina (2016): E-Learning: "Mitarbeiter erwarten heute digitale Weiterbildungen". Hg. v. Zeit online GmbH. Online verfügbar unter http://www.zeit.de/karriere/beruf/2016-08/e-learning-blended-learning-unternehmen-mitarbeiter-schulung, zuletzt aktualisiert am 03.09.2016, zuletzt geprüft am 29.12.2017.

Haire, Leron: What is New Leadership Theory? Hg. v. Study.com. Online verfügbar unter https://study.com/academy/lesson/what-is-new-leadership-theory.html, zuletzt geprüft am 26.11.2017.

Halter, Martin (2017): Hierarchie oder Netzwerk? Hierarchien und Netzwerke! Hg. v. United Planet GmbH. Online verfügbar unter http://www.arbeitsplatz40.de/digitalisierung-hierarchieabbau/, zuletzt geprüft am 06.01.2018.

Hans Böckler Stiftung: Was in der Arbeitswelt durch die Digitalisierung auf die Beschäftigten zukommt. In: *Böckler Impuls* (16/2016), S. 4–5. Online verfügbar unter https://www.boeckler.de/Impuls_2016_16_4-5.pdf, zuletzt geprüft am 14.12.2017.

Hascka-Helmer, Regine; Dresbach, Klemens (2015): Was ist und wofür braucht es einen Chief Digital Officer? Hg. v. Vertical Media GmbH - Gründerszene. Online verfügbar unter https://www.gruenderszene.de/allgemein/chief-digital-officer-fachbeitrag, zuletzt geprüft am 21.12.2017.

Haufe Online Redaktion (2017a): Arbeitszeiten: Flexible Arbeit - was Arbeitnehmer wollen | Personal | Haufe. Hg. v. Haufe - Lexware GmbH & Co.KG. Online verfügbar unter https://www.haufe.de/personal/hr-management/arbeitszeiten-flexible-arbeit-was-arbeitnehmer-wollen_80_421040.html, zuletzt geprüft am 13.12.2017.

Haufe Online Redaktion (2017b): Erfolgreicher durch flexibles Arbeiten. Hg. v. Haufe - Lexware GmbH & Co.KG. Online verfügbar unter https://www.haufe.de/unternehmensfuehrung/recht-personal/erfolgreicher-durch-flexibles-arbeiten_56_403220.html, zuletzt geprüft am 11.01.2018.

Haufe Online Redaktion (2017c): Führung 4.0 - Herausforderungen für moderne Führungskräfte. Hg. v. Haufe-Lexware GmbH & Co. KG. Online verfügbar unter https://www.haufe.de/personal/personal-office-premium/fuehrung-40-herausforderungen-fuer-moderne-fuehrungskraefte_idesk_PI10413_HI11237372.html, zuletzt geprüft am 01.12.2017.

Haufe Online Redaktion (2017d): Leadership: Digitalisierung setzt Manager unter Druck. Hg. v. Haufe - Lexware GmbH & Co.KG. Online verfügbar unter https://www.haufe.de/personal/hr-management/leadership-digitalisierung-setzt-manager-unter-druck_80_409452.html, zuletzt geprüft am 29.12.2017.

Heads! Executive Consultancy; Deloitte Digital GmbH (2015): Überlebensstrategie "Digital Leadership". Hg. v. Heads! Executive Consultancy und Deloitte Digital GmbH. Online verfügbar unter https://www2.deloitte.com/content/dam/Deloitte/at/Documents/strategy/ueberlebensstrategie-digital-leadership_final.pdf, zuletzt geprüft am 20.12.2017.

Helfritz, Kai; Stickling, Erwin; Holz, Fabian; Gross, Michael; van Dick, Rolf (2016): Studie: Digital-Leadership. Die Zukunft der Führung in Unternehmen. Hg. v. Deutsche Gesellschaft für Personalführung e. V. Online verfügbar unter https://www.dgfp.de/fileadmin/user_upload/DGFP_e.V/Medien/Publikationen/2012-2016/Digital_Leadership_Studie.pdf, zuletzt geprüft am 19.01.2018.

Hentze, Joachim (2005): Personalführungslehre. Grundlagen Funktionen und Modelle der Führung. 4., neu bearb. Aufl. Bern [u.a.]: Haupt (UTB, 1374).

Herrmann, Dorothea; Hüneke, Knut; Rohrberg, Andrea (2012): Führung auf Distanz. Mit virtuellen Teams zum Erfolg. 2. Aufl. Wiesbaden: Springer/Gabler.

Hess, Thomas (2016): Digitalisierung — Enzyklopädie der Wirtschaftsinformatik. Online verfügbar unter http://www.enzyklopaedie-der-wirtschaftsinformatik.de/lexikon/technologien-methoden/Informatik--Grundlagen/digitalisierung, zuletzt geprüft am 04.12.2017.

Heuschele, Fabian; Prof.Dr.Jenewein, Wolfgang; Rehli, Florian: Was ist zeitgemäße Mitarbeiterführung? Zwischen transaktionaler und transformationaler Führung. Hg. v. Deutsche Gesellschaft für Personalführung e. V. Online verfügbar unter https://www.dgfp.de/hr-wiki/Zwischen_transaktionaler_und_transformationaler_F%C3%BChrung.pdf, zuletzt geprüft am 26.11.2017.

Hinterhuber, Hans H. (2014): Erfolgreiches Führen von Mitarbeitern. Wie Organisationen ihre Mitarbeitenden langfristig motivieren und begeistern können. Wiesbaden: Springer VS (Essentials).

Hinterhuber, Hans H.; Krauthammer, Eric (2015): Leadership - mehr als Management. Was Führungskräfte nicht delegieren dürfen. 5. Aufl. 2015. Wiesbaden: Gabler Verlag.

Hintz, Asmus J. (2016): Erfolgreiche Mitarbeiterführung durch soziale Kompetenz. Eine praxisbezogene Anleitung. 3., aktualisierte und erweiterte Auflage. Wiesbaden: Springer Gabler. Online verfügbar unter http://dx.doi.org/10.1007/978-3-658-12676-6.

Hobus, Björn; Busch, Michael W. (2011): Organisationale Ambidextrie. In: *Die Betriebswirtschaft : DBW* 71 (2), S. 189–193.

Institut für Führungskultur im digitalen Zeitalter (2015): Führung im digitalen Zeitalter braucht Kommunikation statt Autorität, März 2015. Online verfügbar unter http://ifidz.de/wp-content/uploads/201503-Fuehrung-im-digitalen-Zeitalter-Computerwoche.pdf, zuletzt geprüft am 06.01.2018.

Institut für Führungskultur im digitalen Zeitalter (2016): Führen im digitalen Zeitalter. Relevante Kompetenzen und Anforderungen an Führungskräfte. Hg. v. Institut für Führungskultur im digitalen Zeitalter (IFIDZ) Frankfurt a.M. Online verfügbar unter https://www.lgad.de/webwAssets/docs/downloads/Themenfelder-offen/Betriebsberatung-Unsere-Servicepartner/IFIDZ-Liebermeister/IFIDZ-Meta-Studie2016_Kurzfassung.pdf, zuletzt geprüft am 07.01.2018.

Juhre, Ralf (2017): Digital Leadership – eine große Herausforderung für Unternehmen. Hg. v. ingenior training & consulting GmbH. Online verfügbar unter http://ingenior.de/digital-leadership-eine-grosse-herausforderung-fuer-unternehmen/, zuletzt geprüft am 11.01.2018.

Kauffeld, Simone (2011): Arbeits-, Organisations- und Personalpsychologie. Für Bachelor. Berlin, Heidelberg: Springer Berlin Heidelberg (Springer-Lehrbuch).

Kienbaum, Fabian (2017): People over Pixels. Wie wichtig Menschlichkeit in der Digitalisierung ist. Hg. v. Kienbaum Consultants GmbH. Online verfügbar unter http://assets.kienbaum.com/downloads/Kienbaum_White_Paper_No-1_2017_People-over-Pixels.pdf?mtime=20170324133818.

Kienbaum Communications GmbH & Ko. KG (2015): HR-Trendstudie Ergebnisbericht Kienbaum-Studie 2015. Hg. v. Kienbaum Communications GmbH & Ko. KG. Online verfügbar unter http://assets.kienbaum.com/downloads/HR-Trendstudie-Ergebnisbereicht-Kienbaum-Studie-2015.pdf?mtime=20160810112147, zuletzt geprüft am 08.01.2018.

Klug, Andreas (2017): Künstliche Intelligenz als Kern der Digitalisierung. Online verfügbar unter https://www.ityx.de/blog/blog/kuenstliche-intelligenz-als-kern-der-digitalisierung, zuletzt geprüft am 04.12.2017.

Köhler-Schute, Christiana (2016): Digitalisierung und Transformation in Unternehmen. Strategien und Konzepte, Methoden und Technologien, Praxisbeispiele. Berlin: KS-Energy-Verlag.

Kotter, John P. (1990): A force for change. How leadership differs from management. New York: Free Press.

Kotter, John P. (1991): Abschied vom Erbsenzähler. Leadership: a force for change. Düsseldorf: Econ-Verl.

Kreutzer, Ralf; Neugebauer, Tim; Pattloch, Annette (2017): Digital Business Leadership. Digitale Transformation – Geschäftsmodell-Innovation – agile Organisation – Change-Management. Wiesbaden: Springer Fachmedien Wiesbaden.

Kulturzeiten.de Sander Schützeichel GbR (2015): 7 Pro- und Kontra-Argumente zur Digitalisierung. Hg. v. Kulturzeiten.de Sander Schützeichel GbR. Online verfügbar unter http://www.kulturzeiten.de/7-pro-und-kontra-argumente-zur-digitalisierung.html, zuletzt aktualisiert am 24.04.2014, zuletzt geprüft am 16.12.2017.

Lämmel, Uwe; Cleve, Jürgen (2012): Künstliche Intelligenz. Mit 51 Tabellen, 43 Beispielen, 118 Aufgaben, 89 Kontrollfragen und Referatsthemen. 4., aktualisierte Aufl. München: Hanser. Online verfügbar unter http://files.hanser.de/hanser/docs/20120426_212426132744-38_978-3-446-42758-7_Leseprobe.pdf.

Landes, Miriam; Steiner, Eberhard (Hg.) (2013): Psychologie der Wirtschaft. 1. Aufl. Wiesbaden: Springer Fachmedien Wiesbaden.

Lehky, Maren (2011): Leadership 2.0. Wie Führungskräfte die neuen Herausforderungen im Zeitalter von Smartphone Burn-out & Co. managen. 1. Aufl. Frankfurt, M. [u.a.]: Campus-Verl.

Linder, Dominic (2017): Was ist eigentlich Digital Leadership? Hg. v. Agile Unternehmen. Online verfügbar unter https://agile-unternehmen.de/was-ist-digital-leadership/, zuletzt geprüft am 15.01.2018.

Lindner, Fabian (2016): IoT Definitionen: Was ist eigentlich das Internet der Dinge? Hg. v. Experten der IT - Das Insider Portal für IT-Profis. Online verfügbar unter https://www.expertenderit.de/blog/iot-definitionen-was-ist-eigentlich-das-internet-der-dinge, zuletzt geprüft am 06.12.2017.

Lorenz, Christian; Enke, Rebecca (2016): Leitfaden: Führen im digitalisierten Unternehmen. Ergebnisse aus Expertenkreisen im Rahmen eines BMWi-geförderten Forschungsprojekts. Hg. v. Deutsche Gesellschaft für Personalführung e. V. Online verfügbar unter https://www.dgfp.de/fileadmin/user_upload/DGFP_e.V/Medien/Publikationen/Praxispapiere/201603_Praxispapier_Fuehren-im-digitalisierten-Unternehmen.pdf, zuletzt geprüft am 29.11.2017.

Mack, Oliver J.; Khare, Anshuman; Krämer, Andreas; Burgartz, Thomas (Hg.) (2016): Managing in a VUCA World. 1. Aufl. Cham, Heidelberg, New York, Dordrecht, London: Springer. Online verfügbar unter http://dx.doi.org/10.1007/978-3-319-16889-0.

Márquez, García Fausto Pedro; Lev, Benjamin (2016): Big Data Management. 1. Aufl. Cham: Springer International Publishing. Online verfügbar unter http://gbv.eblib.com/patron/FullRecord.aspx?p=4744612.

Mauel, Alexandra (2017): Erzeugen flexible Arbeitszeiten Stress? Hg. v. Alexandra Mauel Steuerberatung. Online verfügbar unter http://www.stb-mauel.de/steuernews/erzeugen-flexible-arbeitszeiten-stress.html, zuletzt geprüft am 13.01.2018.

Metzger, Christian; Reitz, Thorsten; Villar, Juan (2011): Cloud Computing. Chancen und Risiken aus technischer und unternehmerischer Sicht. 1. Aufl. München: Hanser, Carl.

Mohr, Günther (2017): "Holacracy"- Das Ende der Hierarchien. Hg. v. Professio GmbH. Online verfügbar unter https://www.professio.de/fileadmin/user_upload/aktuelles/newsletter/newsletter_2017/2017-12-GM.pdf, zuletzt geprüft am 06.01.2018.

Morgenthaler, Matthias (2016): «Führen ohne hierarchische Macht ist die Königsdisziplin». Interview mit Felix Frei. Online verfügbar unter https://blog.tagesanzeiger.ch/berufung/index.php/35395/fuehren-ohne-hierarchische-macht-ist-die-koenigsdiziplin/, zuletzt geprüft am 06.01.2018.

Moskaliuk, Johannes (2017a): Digitalisierung: Was ist das überhaupt? Hg. v. Prof. Dr. Johannes Moskaliuk. ich.raum GmbH. Online verfügbar unter https://www.wissensdialoge.de/digitalisierung-was-ist-das-ueberhaupt/, zuletzt geprüft am 05.11.2017.

Moskaliuk, Johannes (2017b): Leadership 4.0 | Buzzword oder wichtiger Trend für Personal- und Organisationsentwicklung? Hg. v. Prof. Dr. Johannes Moskaliuk. ich.raum GmbH. Online verfügbar unter https://www.wissensdialoge.de/leadership-4-0-buzzword-oder-wichtiger-trend-fuer-personal-und-organisationsentwicklung/, zuletzt geprüft am 15.01.2018.

Nagel, Erik (Hg.) (2003): Welchen Wandel wollen wir? Ansätze und Perspektiven für die Gestaltung organisationaler Veränderungsprozesse. 1. Aufl. Chur, Zürich: Rüegger (Luzerner Beiträge zur Betriebs- und Regionalökonomie, Bd. 10).

Nandram, Sharda S.; Bindlish, Puneet K. (Hg.) (2017): Managing VUCA Through Integrative Self-Management. How to Cope with Volatility, Uncertainty, Complexity and Ambiguity in Organizational Behavior. 1. Aufl. Cham, s.l.: Springer International Publishing (Management for Professionals). Online verfügbar unter http://dx.doi.org/10.1007/978-3-319-52231-9.

Neuberger, Oswald (2002): Führen und führen lassen. Ansätze, Ergebnisse und Kritik der Führungsforschung ; mit zahlreichen Tabellen und Übersichten. 6., völlig neu bearb. und erw. Aufl. Stuttgart: Lucius & Lucius (UTB für Wissenschaft Betriebswirtschaftslehre, Psychologie, 2234).

O'Reilly, Charles A.; Tushman, Michael L.: Ambidexterity as a dynamic capability. Resolving the innovator's dilemma. Stanford, Calif.: Univ. Graduate School of Business (Research paper series / Graduate School of Business, Stanford University, 1963). Online verfügbar unter https://gsbapps.stanford.edu/researchpapers/library/RP1963.pdf.

Peters, Theo (2015): Leadership. Traditionelle und moderne Konzepte mit vielen Beispielen. 1. Aufl. Wiesbaden: Springer Gabler. Online verfügbar unter http://dx.doi.org/10.1007/978-3-658-02673-8.

Petry, Thorsten (2016): Digital Leadership. Erfolgreiches Führen in Zeiten der Digital Economy. 1. Auflage. Freiburg, München, Stuttgart: Haufe Gruppe.

Pinnow, Daniel F. (2012): Führen - Worauf es wirklich ankommt. 6. Auflage. Wiesbaden: Springer. Online verfügbar unter http://dx.doi.org/10.1007/978-3-8349-4067-4.

Remdisch, Sabine (2016): Leadership Garage Toolbox für die Führung in der digitalisierten Welt. Hg. v. Prof. Dr. Sabine Remdisch und Leuphana Universität Lüneburg Institut für Performance Management. Online verfügbar unter https://www.leuphana.de/fileadmin/user_upload/Forschungseinrichtungen/ipm/files/LeadershipGarageToolbox.pdf, zuletzt geprüft am 18.01.2018.

Remdisch, Sabine (2017): Führen in der VUCA-Welt. Hg. v. Leadershipgarage. Online verfügbar unter http://leadershipgarage.de/2017/fuehren-in-der-vuca-welt, zuletzt geprüft am 31.12.2017.

Rieder, Annika (2014): Führungsstile – Reflexion und Erörterung wesentlicher Führungstheorien. Hg. v. Universitätsbibliothek Heidelberg. Online verfügbar unter https://journals.ub.uni-heidelberg.de/index.php/bibliothek/article/viewFile/16810/pdf_6, zuletzt geprüft am 24.11.2017.

Robbins, Stephen P. (2001): Organisation der Unternehmung. 9. Aufl. München: Pearson Deutschland; Pearson Studium (Pearson Studium - Economic BWL).

Rosenstiel, Lutz von; Nerdinger, Friedemann W. (2011): Grundlagen der Organisationspsychologie. Basiswissen und Anwendungshinweise. 7., überarb. Aufl. Stuttgart: Schäffer-Poeschel.

Rosenstiel, Lutz von; Regnet, Erika; Domsch, Michel E. (2014): Führung von Mitarbeitern. Handbuch für erfolgreiches Personalmanagement. 7., überarb. Aufl. Stuttgart: Schäffer-Poeschel.

Ruoss, Sven (2015): Was wird unter digitaler Transformation genau verstanden? Hg. v. Sven Rouss. Online verfügbar unter https://svenruoss.ch/2015/06/16/teil-2-was-wird-unter-digitaler-transformation-genau-verstanden/, zuletzt geprüft am 15.01.2018.

Rutz, Bernd (2017): Agile Führung: Was Agile Leadership ausmacht. Hg. v. Haufe - Lexware GmbH & Co.KG. Online verfügbar unter https://www.haufe.de/personal/hr-management/fuehrungsmodelle-agil-fuehren-lernen_80_212704.html, zuletzt geprüft am 15.01.2018.

Salzig, Christoph (2016): Was ist Big Data? Eine Definition mit 5 V. Hg. v. The unbelievable Machine Company. Online verfügbar unter https://blog.unbelievable-machine.com/was-ist-big-data-definition-f%C3%BCnf-v, zuletzt geprüft am 04.12.2017.

Sassenrath, Markus (2017): Orientierung im Dschungel der Digitalisierung. Definition und Ebenen. Hg. v. Haufe Group - Personalmagazin. Online verfügbar unter https://www.haufe.de/personal/hr-management/digitale-transformation/digitalisierung-definition-und-ebenen_80_415484.html, zuletzt geprüft am 14.12.2017.

Schinko, Christian (2017): Cloud Computing: Motor der Digitalisierung. Hg. v. Business IT-Journal. Online verfügbar unter https://www.cancom.info/2017/08/cloud-computing-motor-der-digitalisierung/, zuletzt geprüft am 06.12.2017.

Schirmer, Harald (2016): Digital Leadership = Masochismus? Hg. v. Harald Schirmer. Online verfügbar unter http://www.harald-schirmer.de/2016/07/24/digital-leadership-masochismus/, zuletzt geprüft am 16.01.2018.

Schleiter, André; Spilker, Martin (2015): Digitalisierung – Hierarchien in Unternehmen verlieren an Bedeutung. Hg. v. Bertelsmann Stiftung Gütersloh. Online verfügbar unter https://www.bertelsmann-stiftung.de/de/themen/aktuelle-meldungen/2015/juni/digitalisierung-hierarchien-in-unternehmen-verlieren-an-bedeutung/, zuletzt aktualisiert am 05.01.2018, zuletzt geprüft am 05.01.2018.

Schröder, Axel: Digitalisierung & Digitale Transformation in KMU. Hg. v. Axel Schröder Unternehmensberatung Bayreuth. Online verfügbar unter https://axel-schroeder.de/digitalisierung-digitale-transformation-in-kmu/#Definition_Digitalisierung, zuletzt geprüft am 04.12.2017.

Schwarzmüller, Tanja; Brosi, Prisca; Welpe, Isabell (2017): Führung 4.0 – Wie die Digitalisierung Führung verändert. Online verfügbar unter https://www.researchgate.net/publication/303984407_Fuhrung_40_-_Wie_die_Digitalisierung_Fuhrung_verandert, zuletzt geprüft am 12.12.2017.

Shahd, Maurice (2017): IT-Sicherheit, Cloud Computing und Internet of Things sind Top-Themen des Jahres in der Digitalwirtschaft. Hg. v. Bitkom e.V. Online verfügbar unter https://www.bitkom.org/Presse/Presseinformation/IT-Sicherheit-Cloud-Computing-und-Internet-of-Things-sind-Top-Themen-des-Jahres-in-der-Digitalwirtschaft.html, zuletzt aktualisiert am 29.11.2017, zuletzt geprüft am 04.12.2017.

Siebert, Jennifer (2017): Arbeit digital - Chancen und Risiken. Hg. v. OAK- Online Akademie GmbH & Co. KG. Online verfügbar unter http://www.bildungsxperten.net/job-karriere/arbeit-im-digitalen-wandel-chancen-und-risiken/, zuletzt geprüft am 16.12.2017.

Sprinkart, Karl Peter; Gottwald, Franz-Theo (2003): Digital leadership. Führen mit Knowledge Media. 1. Aufl. Frankfurt/Main, New York: Campus-Verl.

Steinmann, Horst; Schreyögg, Georg; Koch, Jochen (2013): Management. Grundlagen der Unternehmensführung ; Konzepte - Funktionen - Fallstudien. 7., vollständig überarbeitete Auflage. Wiesbaden: Springer Gabler (Lehrbuch).

Stephan, Michael; Kerber, Wolfgang (Hg.) (2010): "Ambidextrie". Der unternehmerische Drahtseilakt zwischen Ressourcenexploration und -exploitation. 1. Aufl. Mering: Rainer Hampp Verlag (Jahrbuch Strategisches Kompetenz-Management, 4).

Stübinger, Tim; Fietz, Axel (2003): Akteure im Change-Management. In: Gerhard Schewe und Christoph Brast (Hg.): Change-Management. Facetten und Instrumente. 1. Aufl. Hamburg: Kovač (Schriftenreihe innovative betriebswirtschaftliche Forschung und Praxis, 148), S. 69–84.

Stuhr, Arne (2017): Studie "Digital Leadership 2017". Jeder zweite Top Manager investiert maximal zwei Stunden pro Woche in sein Digital Know How. Hg. v. Rochus Mummert Unternehmensberatung. Online verfügbar unter https://www.rochusmummert.com/downloads/news/170530_PI_RM_Digital_Leadership_2_FINAL.pdf, zuletzt geprüft am 07.01.2018.

Summa, Leila (2016): Digitale Führungsintelligenz: "Adapt to win". Wie Führungskräfte sich und ihr Unternehmen fit für die digitale Zukunft machen. 1. Aufl. Wiesbaden: Springer Fachmedien Wiesbaden.

Tagwerker-Sturm, Maria (2014): Wie schlimm ist Silodenken für den Unternehmenserfolg, für Innovationen? Hg. v. Maria Tagwerker-Sturm. Online verfügbar unter http://www.inknowaction.com/blog/innovationsmanagement/wie-schlimm-ist-silodenken-fuer-den-unternehmenserfolg-fuer-innovationen-2842/, zuletzt geprüft am 05.02.2018.

Thiessen, Thomas; Hauke, Fricke (2016): Mittelstand im Wandel -Wie ein Unternehmen seinen digitalen Reifegrad ermitteln kann. Online verfügbar unter https://kommunikation-mittelstand.digital/content/uploads/2017/01/Leitfaden_Ermittlung-digitaler-Reifegrad.pdf, zuletzt geprüft am 03.01.2018.

University of Leicester. (2010): New Leadership Theories. Hg. v. University of Leicester. Online verfügbar unter https://www.le.ac.uk/oerresources/psychology/organising/page_09.htm, zuletzt aktualisiert am 01.04.2010, zuletzt geprüft am 26.11.2017.

Vahs, Dietmar; Weiand, Achim (2013): Workbook Change-Management. Methoden und Techniken. 2., überarb. Aufl. Stuttgart: Schäffer-Poeschel.

Velten, Carlo; Janata, Steve; Hille, Maximilian; Michel, Julia (2015): Digital Leader. Leadership im digitalen Zeitalter. Ergebnisse einer empirischen Studie in Kooperation mit Dimension Data Deutschland. Online verfügbar unter https://www.crisp-research.com/publication/digital-leader/, zuletzt geprüft am 18.01.2018.

Vogel, Melanie (2016): Digitalisierung: Was bedeutet VUCA? Hg. v. b-wise GmbH. Online verfügbar unter https://www.business-wissen.de/artikel/digitalisierung-was-bedeutet-vuca/, zuletzt geprüft am 31.12.2017.

Wacha, Jörg (2016): Leadership in change. Jeder redet über Motivation – ein Blick auf den Tatort Demotivation. Hg. v. Detego GmbH & Co. KG Wiesbaden. Online verfügbar unter http://leadership-in-change.de/jeder-redet-uber-motivation-ein-blick-auf-den-tatort-demotivation/, zuletzt aktualisiert am 22.11.2017, zuletzt geprüft am 22.11.2017.

Walchshofer, Manuela; Riedl, René (2017): Der Chief Digital Officer (CDO). Eine empirische Untersuchung. In: *HMD* 54 (3), S. 324–337. DOI: 10.1365/s40702-017-0320-7.

Wardenbach, Jens (2016): Digitalisierung basiert auf dem Internet der Dinge. Hg. v. Der Mittelstandsblog der QSC AG und Redaktion: Internet der Dinge. Online verfügbar unter https://digitales-wirtschaftswunder.de/wenn-die-maschine-den-techniker-ruft/, zuletzt geprüft am 06.12.2017.

Weibler, Jürgen (2017): Virtuelle Teams und Digitale Führung. Hg. v. Leadership Insiders. Online verfügbar unter https://www.leadership-insiders.de/virtuelle-teams-und-digitale-fuehrung/, zuletzt aktualisiert am 04.01.2018, zuletzt geprüft am 04.01.2018.

Weinman, Joe (2015): Digital disciplines. Attaining market leadership via the cloud big data social mobile and the internet of things. 1. Aufl. Hoboken: Wiley (Wiley CIO series).

WeltN24 GmbH (2016): Auswirkungen des digitalen Wandels auf die Arbeitswelt. Hg. v. WeltN24 GmbH. Online verfügbar unter https://www.welt.de/wirtschaft/karriere/article160311512/Auswirkungen-des-digitalen-Wandels-auf-die-Arbeitswelt.html, zuletzt geprüft am 15.12.2017.

Westermann, George; Calméjane, Claire; Bonnet, Didier; Ferraris, Patrick; McAfee, Andrew (2011): Digital Transformation: A Road-Map for Billion-Dollar Organizations. Findings from Phase 1 of the Digital Transformation Study conducted by the MIT centre for Digital Business and Capgemini Consulting. Hg. v. Capgemini Consulting und MIT Center for Digital Business. Online verfügbar unter https://www.capgemini.com/consulting-de/wp-content/uploads/sites/32/2017/08/Digital_Transformation__A_Road-Map_for_Billion-Dollar_Organizations.pdf, zuletzt geprüft am 03.01.2018.

Wunderer, Rolf (1996): Führung und Zusammenarbeit. Grundlagen innerorganisatorischer Beziehungsgestaltung. Online verfügbar unter http://hampp-verlag.com/Archiv/4_96_Wunderer.pdf, zuletzt geprüft am 18.11.2017.